TOEIC®テスト英単語ビッグバン速習法
たった100語から必修1000語をマスター

晴山陽一

PHP文庫

○本表紙図柄＝ロゼッタ・ストーン（大英博物館蔵）
○本表紙デザイン＋紋章＝上田晃郷

■ はじめに ■
英単語が爆発して10倍になる本

　本書は、誰もが知っている単語を"大爆発"させ、一瞬にして語彙を10倍に増やす、画期的な単語集です。本書を使えば、TOEIC®テストの必修単語を、みるみる身につけることができます。詳しくご説明しましょう。

　各見開きごとに、まず爆発する名詞が1つ選ばれます。例えば、economy という名詞が代表に選ばれると、ただちに大爆発を起こし、その結果、5つの名詞（currency、inflation、recession、demand、supply）と、4つの動詞（emerge、prevent、sustain、invest）を生み出します（34ページ参照）。こうして、見開きごとに、1語がまたたく間に10倍に増殖するのです。

　単語を大爆発させた後、こんどは、7つの例文をお見せします。この7つの例文には、爆発の結果飛び散った10単語が、できる限り何度も使われます。普通の単語集ですと、1単語に対し1例文が行儀よく並べられるのが常ですが、本書は10単語を7つの例文で、縦横無尽に使って見せます。こうして、爆発してできた単語同士の連関がわかり、また、名詞と動詞の相性もわかります。言ってみれば、この10単語が見開きごとに"小宇宙"を形成しているわけなのです。ここのところも、実例でご説明したほうがよさそうですね。

　先ほど例に出した economy のページには、次のような

例文が登場します。

At last the **economy** seems to be **emerging** from the **recession.**

「ついに経済は不況から抜け出しつつあるようだ」

この例文の中には、先ほど爆発したばかりの単語が3つも使われているのがわかりましたか。

ついでに、2番目の例文も見てみましょう。

A fine balance between **supply** and **demand** must be **sustained** to **prevent inflation.**

「インフレを防ぐために、需要と供給の絶妙なバランスが保たれなければならない」

この例文には、なんと爆発してできた単語が5つも使われています。驚きではありませんか。

こんなに作るのに手間をかけた単語集は、これまでなかったと私は自負しています。

さて、この本に隠された秘密は、これだけではありません。爆発して飛び散るのは名詞と動詞だけですが、例文の中でTOEIC®テストに頻出する形容詞も、なるべく多く使用するよう工夫いたしました。economyの見開きを例にするなら、foreign、ultimate、major、current などの必須形容詞が使われているのです。

本書は6つの分野（章）に分けられています。各章の終わりには、すべての例文を復習できる、Review Quiz のコーナーを設けました。また、巻末には本書で扱う単語の総索引をご用意しましたので、利用してください。

この本の作成は、さながら世紀の難工事のようでした。

例文作りには、イギリスの権威ある文学賞であるブッカー賞にもノミネートされた気鋭の英国人作家、クリストファー・ベルトン氏が全面的に協力してくれました。ここに、彼のdedicationに対し、心から感謝の意を表したいと思います。また、編集の四井優規子さんにも、たいへんお世話になりました。

　さあ、この"宇宙的"TOEIC®単語集を用いて、あなたも一気に手持ち単語を10倍に増やしてください。

　おや、さっそく最初の単語が爆発準備に入ったようです。望遠鏡をのぞいてみることにしましょう！

2003年10月

晴山陽一

TOEIC®テスト英単語ビッグバン速習法【目次】

はじめに

第1章
経済・産業 ……9

爆発する単語 customer, price, charge, discount, account, income, goods, company, stock, product, industry, property, economy, finance, export, tax, agency, president, personnel, position, staff, expert, mission, routine, problem

Review Quiz

第2章
政治・法律 ……81

爆発する単語 politics, policy, minister, party, election, committee, priority, treaty, territory, conflict, safety, law, crime, investigation, defendant, court

Review Quiz

第3章
知識・学問 ……127

爆発する単語 principle, cause, fact, suggestion, thought, experience, ability, fame, standard, quality, grade, practice, knowledge, record, philosophy

Review Quiz

第4章
人生・文化 …… 171

爆発する単語 ▶ audience, subject, file, literature, respect, effort, conversation, desire, sense, temper

Review Quiz

第5章
科学・医療 …… 201

爆発する単語 ▶ health, disease, lung, medicine, pain, biology, planet, environment, geography, mineral, waste, weather, accident, technology, experiment, oxygen

Review Quiz

第6章
生活・社会 …… 249

爆発する単語 ▶ tool, population, citizen, figure, society, future, period, custom, museum, destination, post, traffic, visa, baggage, tourism, broadcast, crop, meal

Review Quiz

索 引

第1章

経済・産業

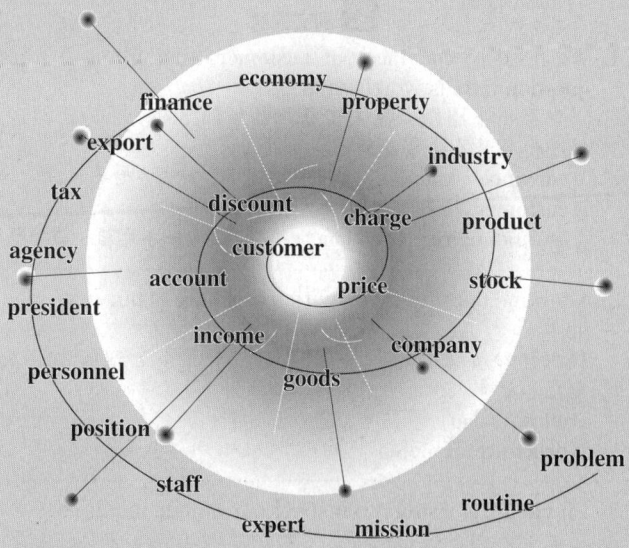

1

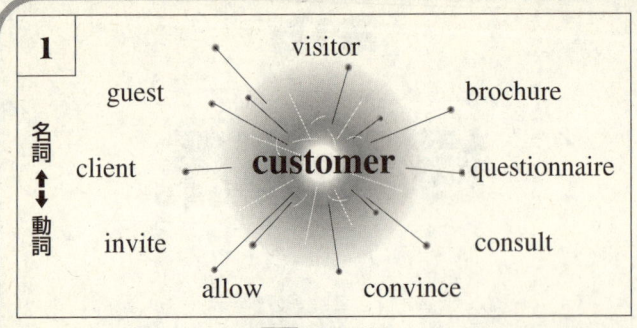

名詞 ↕ 動詞

例文観察

1. We need to **convince** our **customers** that filling in the **questionnaire** is worthwhile.
   アンケート用紙に記入することがむだではないと顧客に納得させる必要がある。
   □ **convince** [kənvíns] 動 確信させる、納得させる
   □ **customer** [kʌ́stəmər] 名 顧客、取引先
   □ **questionnaire** [kwèstʃənéər] 名 アンケート用紙、質問票

2. **Allow** me to present you with a **brochure** of our new line-up.
   わが社の新ラインアップのパンフレットを贈らせていただきます。
   □ **allow** [əláu] 動 許す、認める、与える
   □ **brochure** [brouʃúər] 名 パンフレット、小冊子

3. I **invited** the **visitors** to inspect our unique facilities.
   私はそのお客様を招待してわが社のユニークな施設を案内した。
   □ **invite** [inváit] 動 招待する

□ **visitor** [vízətər] 名 訪問者、観光客、見学者

4. I will **consult** with our **clients** and see if they will accept an increase in rates.
   顧客と相談して料金値上げを受け入れてもらえるか確認するつもりだ。
   □ **consult** [kənsʌ́lt] 動 相談する
   □ **client** [kláiənt] 名 依頼人、顧客、得意先

5. I'm afraid that we cannot **allow guests** to enter the laboratory.
   申し訳ございませんが、お客様の研究所への立ち入りはご遠慮ください。
   □ **guest** [gést] 名 客、泊り客

6. The committee was **convinced** that sending out company **brochures** would be a potent strategy.
   委員会は会社案内を送付することが強力な戦略になると確信していた。

7. You have to fill out a **questionnaire** before you can **consult** the doctor.
   医師の診療を受ける前に問診表にご記入ください。

次のページで爆発する単語は⇨  price

2

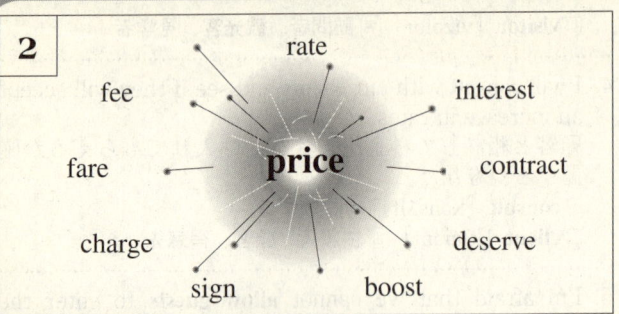

🏠 例文観察

1. That restaurant does not **deserve** to flourish until it lowers its costly **prices**.
   あのレストランは高額な料金を値下げすれば、はやるだろう。
   □ **deserve** [dizə́:rv] 動 ～に値する、価値がある
   □ **price** [práis] 名 価格、値段

---

2. The **fees charged** for using express ways should be reduced.
   高速道路の使用料金は値下げされるべきだ。
   □ **fee** [fí:] 名 料金、謝礼
   □ **charge** [tʃɑ́:rdʒ] 動 請求する、非難する 名 料金、責任
   （14ページ参照）

---

3. All you have to do is **sign** the **contract** and then pay the appropriate **fee**.
   あなたは契約書にサインして、しかるべき料金を払うだけでいいのです。
   □ **sign** [sáin] 動 署名する、合図する 名 記号、身ぶり、標

識
□ **contract** [kántrækt] 名 契約　[kəntrǽkt] 動 契約する

---

4. The government reduced the **interest** on loans in order to **boost** home ownership.
   政府は持ち家を増大させるために、ローンの利子を引き下げた。
   □ **interest** [íntərəst] 名 関心、利益、利息　動 関心を持たせる
   □ **boost** [búːst] 動 押し上げる、増加する、応援する

---

5. Their **rate** of interest is only two percent on new car purchases.
   新車購入の場合には、彼らの金利はわずか2パーセントだ。
   □ **rate** [réit] 名 割合、率、料金　動 評価する

---

6. The **fare** must be paid before you get on the train, but the **charge** for using first class can be paid on board.
   運賃はご乗車前にお支払いください。ただし、1等の料金は乗車後のお支払いでも結構です。
   □ **fare** [féər] 名 運賃、料金

---

7. The **price charged** for repairs is waived if you **sign** a maintenance **contract**.
   整備契約書にサインすれば修理代は免除されます。

次のページで爆発する単語は ⇨ **charge** (名詞)

第1章　経済・産業

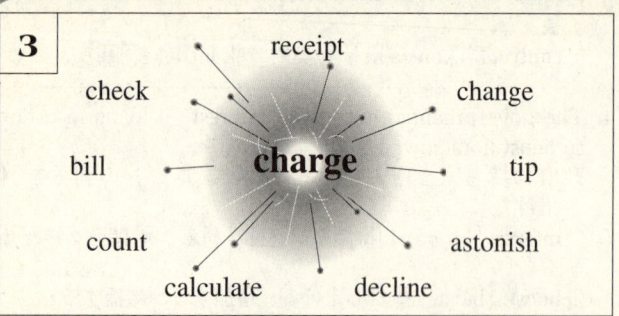

例文観察

1. The **charges** incurred for the court case had to be paid by the defendant.
   その法廷訴訟にかかった費用は、被告人によって支払われなければならなかった。
   □ **charge** [tʃɑːrdʒ] 名 料金、責任 動 請求する、非難する（12ページ参照）

---

2. He **calculated** the total cost, and then wrote a **check** for the relevant sum.
   彼は総費用を算出してから、それに足る金額の小切手を書いた。
   □ **calculate** [kǽlkjəlèit] 動 計算する、判断する
   □ **check** [tʃék] 名 小切手、照合 動 確かめる、止める（274ページ参照）

---

3. I wish hotels would include **tips** in the final **bill**.
   ホテルがチップを精算額に加えてくれたらいいのになあ。
   □ **tip** [típ] 名 チップ、心づけ、先端

□ **bill** [bíl] 名 請求書、法案、紙幣

---

4. The government is worried as **receipts** for new ship orders are **declining**.
   新造船受注の売上高が減少傾向にあり、政府は懸念している。
   □ **receipt** [risí:t] 名 受領(高)、領収書、レシート
   □ **decline** [dikláin] 動 衰える、傾く、断る 名 衰え、下落

---

5. I was **astonished** at how little **change** I got back from a 10,000 yen note after eating at that restaurant.
   あのレストランで食事をした後、1万円札を出して戻ってきたおつりのあまりの少なさに驚いた。
   □ **astonish** [əstániʃ] 動 驚かす、びっくりさせる
   □ **change** [tʃéindʒ] 名 つり銭、小銭、変化 動 変える、変わる、交換する

---

6. He **counted** out the **change**, and left a few coins as a **tip**.
   彼はつり銭を勘定し、チップとしてコインを数枚置いていった。
   □ **count** [káunt] 動 数える、勘定に入れる、数に入れる

---

7. Exports are **declining**, which poses a formidable problem to automobile manufacturers.
   輸出額が減少しているが、このことは自動車メーカーに難しい問題を投げかけている。

次のページで爆発する単語は⇨ **discount**

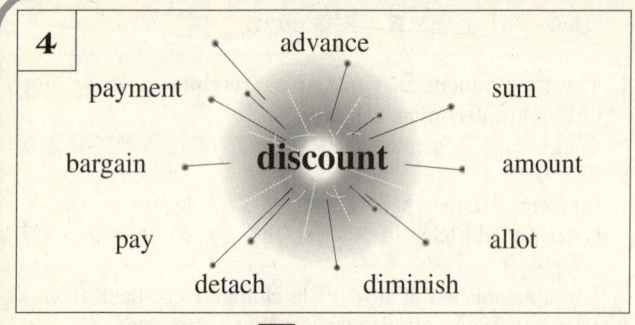

例文観察

1. The **discount allotted** to environment-friendly automobiles has been increased.
   環境にやさしい車に当てられる割引率は上がってきている。
   □ **discount** [dískaunt] 名 割引　動 割引く
   □ **allot** [əlát] 動 割当てる、充当する

2. My wife found a **bargain** for our trip to Hawaii, and **paid** the full **sum** in **advance**.
   妻はわれわれのハワイ旅行に格安商品を見つけ、前金で全額を支払った。
   □ **bargain** [báːrgin] 名 掘出しもの、値引き品、契約
   □ **pay** [péi] 動 支払う、(注意などを)払う
   □ **sum** [sʌ́m] 名 合計、金額　動 合計する、要約する
   □ **advance** [ədvǽns] 名 前払い、前進　動 進める、前進する

3. The **amount** that they charged for repairing my car seems **detached** from the work they had done.

彼らが車の修理代として請求した金額は、作業内容から判断して法外に見えた。
□ **amount** [əmáunt] 名 総額、量　動 総計〜となる
□ **detach** [ditǽtʃ] 動 引き離す、分離する

---

4. The **sum** of money **allotted** to Official Development Assistance has **diminished** over the past year.
政府開発援助に割当てられた金額の総計は、前年に比べて減少している。
□ **diminish** [dimíniʃ] 動 減らす、小さくなる

---

5. Total tax **payments** for fiscal 2002 **diminished** over the previous year owing to the recession.
不況のため、2002会計年度の総納税額は前年に比べて減少した。
□ **payment** [péimənt] 名 支払い、報酬

---

6. Could you let me have an **advance** on my salary so I can **pay** my rent?
家賃が払えるように、給料を前払いしていただけませんか。

---

7. Despite the generous **discount**, he still refused to **pay** the full **sum** for the house.
大幅な割引にもかかわらず、彼はその家の代金を全額払おうとしなかった。

次のページで爆発する単語は⇨  **account**

5

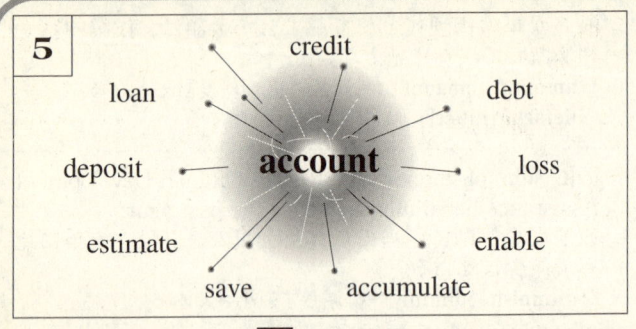

📖 例文観察

1. Opening a separate **account** has **enabled** me to **save** more money than before.
   分離口座を開くことで、私は以前より多く貯金ができるようになった。
   □ **account** [əkáunt] 名 理由、預金口座、勘定書　動 説明する
   □ **enable** [enéibl] 動 可能にする、〜できるようにする
   □ **save** [séiv] 動 たくわえる、貯蓄する、救う

---

2. The **debt** that the company **accumulated** has resulted in a severe **loss** to the stockholders.
   その会社が積み重ねた負債は、株主に深刻な損失を与える結果となった。
   □ **debt** [dét] 名 負債、借金
   □ **accumulate** [əkjú:mjəlèit] 動 蓄積する
   □ **loss** [lɔ́(:)s] 名 損失、敗北、損害

---

3. I **estimate** that you will **save** several hundred dollars if you pay off your **loan** now.

今ローンを完済すれば君は数百ドル節約できると思う。
□ **estimate** [éstəmèit] 動 見積もる、判断する
□ **loan** [lóun] 名 貸付金 動 貸す

4. She put a **deposit** on the fur coat, but will still need a **loan** to pay the remainder.
彼女はその毛皮のコートに手付金を払ったが、なお残金の支払いにローンを組む必要があるだろう。
□ **deposit** [dipázət] 名 預金、手付金

5. I asked the insurance company to transfer the **credit** they owe me over to my bank account.
私に支払うべき金額を私の銀行口座に振り込むよう、保険会社に依頼した。
□ **credit** [krédit] 名 信用、クレジット、貸付金額

6. The company has **estimated** that this year's loss will surpass last year's by forty percent.
その会社は今年の損失は前年を40%上回るものと見積もっている。

7. To have one's **credit** cards canceled is now akin to being excommunicated by the medieval church.
今やクレジットカードを取り消されるのは、中世の教会から破門されるようなものだ。

次のページで爆発する単語は⇨ **income**

第1章 経済・産業

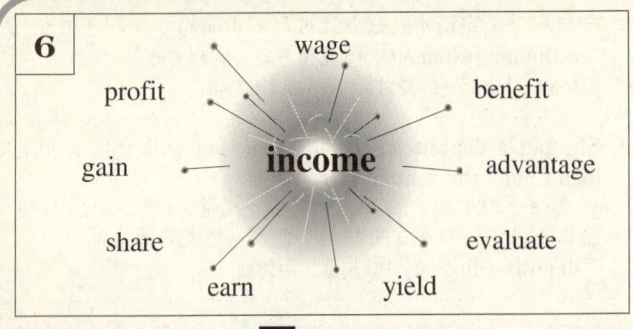

📖 例文観察

1. About thirty percent of the **income** I **earn** every year goes to pay for my housing loan.
   毎年私が稼ぐ収入のうち約30パーセントは住宅ローンの支払いに当てられる。
   □ **income** [ínkʌm] 名 収入、所得
   □ **earn** [ə́ːrn] 動 稼ぐ、得る

---

2. Stocks in automobile manufacturers have the **advantage** of **yielding** higher **gains** than other companies.
   自動車メーカーの株には他企業より高収益が得られるという利点がある。
   □ **advantage** [ədvǽntidʒ] 名 有利、利点
   □ **yield** [jíːld] 動 産出する、譲歩する、降伏する
   □ **gain** [géin] 名 利益、得ること 動 得る、増す

---

3. His **wages** were **evaluated** against corporate **profits**, and he received a surprise pay raise.
   彼の賃金は企業収益に照らして評価され、彼は思いがけない給料アップを受けた。

- **wage** [wéidʒ] 名 賃金、給料
- **evaluate** [ivæljuèit] 動 評価する、数値を出す
- **profit** [práfət] 名 利益、得

---

4. He **shares** a portion of his yearly **income** among several charities.
   彼は年収の一部をいくつかの慈善団体に寄付している。
   - **share** [ʃéər] 動 分ける、共有する 名 分け前、割当て、株（26ページ参照）

---

5. The **benefits** of **sharing profits** with the employees are huge.
   従業員と利益を分かち合うことの利点は計り知れない。
   - **benefit** [bénəfit] 名 利益、恩恵

---

6. The optimum **gain** you can expect from investing in Internet start-up companies is not well **evaluated**.
   インターネットで立ち上げた会社に投資しても、最高の利益は期待できない。

---

7. She **earns** a splendid **wage** as a computer programmer, and also has the **benefit** of working from home.
   彼女はコンピュータープログラマーとして申し分ない賃金を稼ぎ、在宅勤務という恩恵にも浴している。

次のページで爆発する単語は⇨

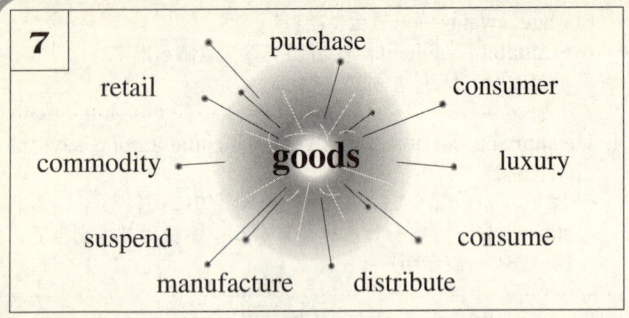

📖 例文観察

1. It has been proved that people who live in large cities **consume** a larger number of **luxury goods** than people in rural areas.
   大都市に住んでいる人たちは、農村地域の人たちよりも多くのぜいたく品を消費することが立証されている。
   □ **consume** [kəns(j)úːm] 動 消費する、使い果たす
   □ **luxury** [lʌ́kʃəri] 名 ぜいたく、豪華さ
   □ **goods** [gúdz] 名 商品、品物

2. Nearly all of our **purchases** were **manufactured** in China.
   私たちが購入したもののほとんどすべてが中国製だった。
   □ **purchase** [pə́ːrtʃəs] 名 購入(品)、買いもの 動 購入する
   □ **manufacture** [mæ̀njəfǽktʃər] 動 製造する 名 製造(業)、製品 (28ページ参照)

3. The government **suspended** the **purchase** of meat from countries threatened with mad cow disease.
   政府は狂牛病の恐れがある国からの肉の買い入れを一

時停止した。
□ **suspend** [səspénd] 動 つるす、一時停止する、延期する

---

4. Health products are **distributed** to supermarkets all over the country, and then sold to shrewd **consumers**.
   健康によい生産品は全国のスーパーマーケットに配送され、賢い消費者に売られている。
   □ **distribute** [distríbjət] 動 分配する、配布する
   □ **consumer** [kəns(j)úːmər] 名 消費者

---

5. **Commodities** that are considered to be **luxuries** are mostly **consumed** by people in higher wage brackets.
   ぜいたく品とみなされる商品は、ほとんどが高額所得層の人たちによって消費されている。
   □ **commodity** [kəmádəti] 名 日用品、必需品

---

6. He works in **retail** now, but he received his training in wholesale.
   彼は現在は小売りで働いているが、研修は卸売りで受けた。
   □ **retail** [ríːteil] 名 小売り 動 小売りする

---

7. That company **manufactures consumer commodities** that are **distributed** from mail-order warehouses.
   あの会社は消費者の手に渡る商品を製造しており、それは通信販売の倉庫から配送される。

次のページで爆発する単語は ⇨ **company**

第1章 経済・産業

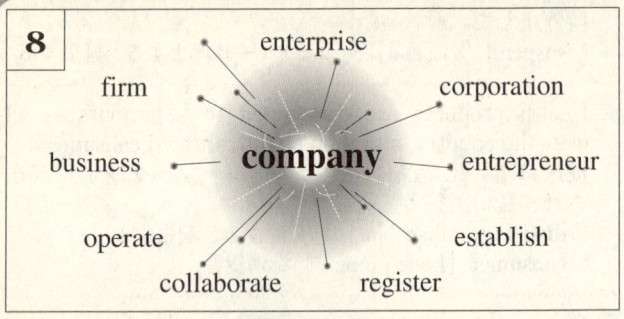

📖 例文観察

1. Our two **companies collaborate** on distribution to save costs.
   われわれ2つの会社は経費削減のために流通を共有している。
   □ **company** [kʌ́mpəni] 名 会社、仲間
   □ **collaborate** [kəlǽbərèit] 動 協力する、協同する

---

2. He **registered** his **firm** on the Tokyo Stock Exchange last October, and his stock price has doubled already.
   彼は昨年10月に自分の会社を東京証券取引所に登録し、その株価はすでに倍になっている。
   □ **register** [rédʒistər] 動 登録する、記録する、書留にする 名 記録(簿)、レジ
   □ **firm** [fə́ːrm] 名 商会、会社 形 堅い

---

3. The **enterprise** was started up by an **entrepreneur** who has experience in **operating** e-commerce sites on the Internet.
   その企業はインターネット上でEコマースサイトの運

営経験がある起業家によって始められた。
- **enterprise** [éntərpràiz] 图 事業、進取の気性
- **entrepreneur** [à:ntrəprəná:r] 图 起業家、事業家
- **operate** [ápərèit] 動 操作する、処理する、手術する

---

4. He started off working for a large **corporation**, but quit to **establish** his own firm.
   彼は大企業で働き始めたが、自分の会社を設立するために退社した。
   - **corporation** [kɔ̀:rpəréiʃən] 图 法人、会社、企業
   - **establish** [istǽbliʃ] 動 設立する、確立する

---

5. His **business collaborated** with an apparel company to design and sell a new line of casual clothes.
   彼の事業では、あるアパレル会社と共同してカジュアルウェアの新商品のデザインと販売をした。
   - **business** [bíznəs] 图 仕事、事業、商売

---

6. His **corporation** is anxious to enter the retail **business** in South Korea, and has already **established** an office in Seoul.
   彼の法人は韓国で小売業に参入したいと切望しており、すでにソウルにオフィスを設立している。

---

7. Your **firm** must **register** a trademark for the design to protect it from being used by other **enterprises.**
   あなたの会社のデザインが他企業に使用されるのを防ぐために、商標登録をしなければだめだ。

次のページで爆発する単語は⇨  stock

9

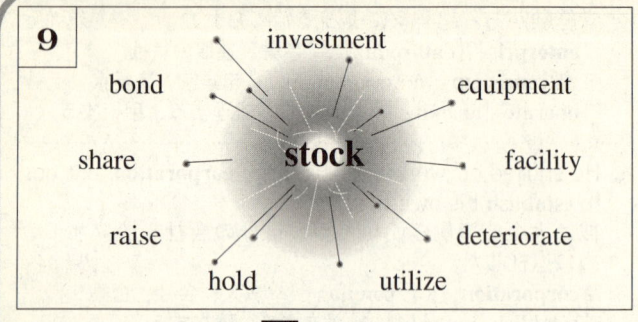

🏠 例文観察

1. He **holds shares** in several major companies.
   彼は大手企業数社の株を保有している。
   □ **hold** [hóuld] 動 所有する、持っている、開催する
   □ **share** [ʃéər] 名 分け前、割当て、株 動 分ける、共有する（21ページ参照）

---

2. They **raised** sufficient **investment** to construct a new **facility** for manufacturing semi-conductors.
   彼らは半導体製造用の新施設を建設するために、十分な出資金を調達した。
   □ **raise** [réiz] 動 上げる、養う
   □ **investment** [invéstmənt] 名 投資、出資金
   □ **facility** [fəsíləti] 名 施設、容易さ

---

3. The **stocks** he **holds** in the company have **deteriorated** to an enormous extent over the past year.
   彼が保有しているその会社の株は、ここ 1 年で驚くほど値下がりしてしまった。
   □ **stock** [sták] 名 在庫、貯蔵、株

□ **deteriorate** [ditíəriərèit] 動 悪化する、悪化させる

---

4. If you want a safe **investment,** I suggest you purchase government **bonds.**
   もし安全な投資を望むのであれば、国債を購入してはどうですか。
   □ **bond** [bánd] 名 きずな、公債

---

5. That **facility** doesn't **utilize** its **equipment** efficiently, and therefore has trouble attracting investors.
   あの施設は十分に設備を活用していないために、投資家を引きつけるのが困難だ。
   □ **utilize** [júːtəlàiz] 動 利用する
   □ **equipment** [ikwípmənt] 名 設備、装備

---

6. Our production line **equipment** has **deteriorated** so badly that we need to refurbish the entire plant.
   わが社の生産ライン設備はひどく悪化しているので、プラントをそっくり改装する必要がある。

---

7. I **hold** several million yen in **bonds** that won't mature until next spring.
   私は来春になれば満期になる債権を数百万円保有している。

次のページで爆発する単語は ⇨ **product**

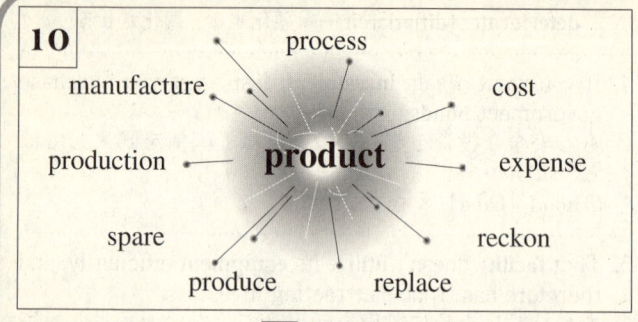

📘 例文観察

1. The **expense** involved in **sparing** another worker for quality control purposes is accounted for the **cost** of the **product.**
   品質管理目的に労働者をもう1人雇うのにかかる費用は、製品の原価に計上される。
   □ **expense** [ikspéns] 名 費用、経費
   □ **spare** [spéər] 動 取っておく、節約する 形 余分の、予備の 名 予備品、スペア
   □ **cost** [kɔ́(ː)st] 名 価格、費用、犠牲 動 (費用・労力) がかかる
   □ **product** [prɑ́dəkt] 名 産物、製品

2. The **manufacture** of plasma screens to **produce** high-resolution televisions is an extremely costly **process.**
   高解像度のテレビ用のプラズマスクリーンの製造は、きわめてコストのかかる工程だ。
   □ **manufacture** [mæ̀njəfǽktʃər] 名 製造(業)、製品 動 製造する (22ページ参照)
   □ **produce** [prəd(j)úːs] 動 生産する、製造する

[próud(j)u:s] 图 農産物
□ **process** [prá:ses] 图 過程、製法 图 加工する

---

3. They **reckon** the **cost** of **replacing** the **production** line will reach nearly one billion yen.
   生産ラインを交換するための費用は、10億円近くになると推定される。
   □ **reckon** [rékn] 图 計算する、みなす
   □ **replace** [ripléis] 图 取って代わる、取り替える
   □ **production** [prədʌkʃən] 图 製造、生産

---

4. My supervisor **reckons** the **production** of an environment-friendly **product** will save the company from bankruptcy.
   私の上司は、環境にやさしい製品を製造することで会社は倒産せずにすむものと考えている。

---

5. The **product** is **produced** from biodegradable plastic that is kind to the environment.
   その製品は環境にやさしい生物分解性プラスチックでできている。

---

6. Why **produce** the screws and bolts ourselves when they are already available at lower **cost** on the open market?
   すでに一般の市場でもっと低価格で手に入るというのに、なぜネジとボルトを自社製造するのか。

次のページで爆発する単語は⇨ **industry**

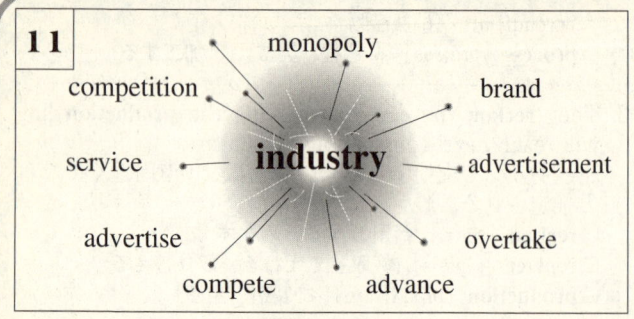

例文観察

1. That company was established only three years ago, but is already a leader in the **industry**.
   あの会社はたった3年前に設立されたのに、すでに業界でトップ企業になっている。
   □ **industry** [índəstri] 名 産業、工業

2. **Advertising** a product successfully increases **brand** recognition with the public.
   製品を上手に広告することは、大衆のブランド認識を高める。
   □ **advertise** [ǽdvərtàiz] 動 広告する、宣伝する
   □ **brand** [brǽnd] 名 銘柄、商標

3. Microsoft has **overtaken** the **competition** and established a **monopoly** in computer operating systems.
   マイクロソフト社は競争相手を追い抜き、コンピューターオペレーションシステムを独占している。
   □ **overtake** [òuvərtéik] 動 追いつく、襲いかかる
   □ **competition** [kàmpətíʃən] 名 競争、競技会

□ **monopoly** [mənápəli] 名 独占(権)、専売(権)

---

4. The travel industry has **advanced** to such a degree that they now offer **services** for all age groups.
   旅行産業は大きく発展し、今ではあらゆる年齢のグループにふさわしいサービスを提供している。
   □ **advance** [ədvǽns] 動 進める、前進する 名 前進、前払い
   □ **service** [sə́ːrvəs] 名 奉仕、公共事業、もてなし

---

5. **Advertising** is a cardinal element for **competing** in the current economic climate.
   目下の経済情勢にあっては、広告は競争に不可欠な要素だ。
   □ **compete** [kəmpíːt] 動 競争する、匹敵する

---

6. The result of a series of **advertisements** helped the company **overtake** their rivals.
   一連の広告を出した結果、その会社はライバル社を追い抜くことができた。
   □ **advertisement** [ædvərtáizmənt] 名 広告、宣伝

---

7. Only a few European **brands** hold a **monopoly** on fashion goods in Japan.
   日本では、ほんのわずかなヨーロッパブランドがファッショングッズを独占している。

次のページで爆発する単語は⇨ **property**

第1章 経済・産業 31

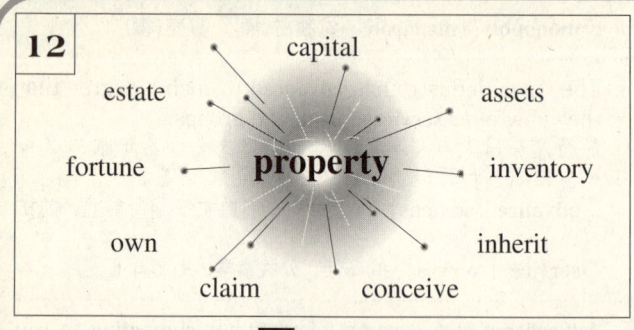

📖 例文観察

1. He **owns** a wide range of **assets** from stocks to **property**.
   彼は株から土地まで、広範にわたる資産を所有している。
   □ **own** [óun] 動 所有する、認める 形 自身の、独自の
   □ **assets** [ǽsets] 名 財産、資産
   □ **property** [prápərti] 名 財産、地所

---

2. He **inherited** his **fortune** from a rich relative.
   彼は裕福な親戚から財産を相続した。
   □ **inherit** [inhérət] 動 相続する、引き継ぐ
   □ **fortune** [fɔ́ːrtʃən] 名 運、財産

---

3. After his death, his **estate** was **claimed** by an elderly cousin.
   彼の死後、その遺産は年配の縁者によって権利が主張された。
   □ **estate** [istéit] 名 地所、財産
   □ **claim** [kléim] 動 主張する、要求する 名 主張、要求

4. Most of that company's **capital** was **conceived** from its unique method of controlling **inventory**.
あの会社の資本のほとんどは、ユニークな在庫管理方法から築き上げられた。
□ **capital**[kǽpətl] 名 資本(金)、首都、大文字　形 主要な、大文字の
□ **conceive** [kənsíːv] 動 想像する、考え出す
□ **inventory** [ínvəntɔ̀ːri] 名 在庫品、棚卸し表、目録

---

5. She **owns** a valuable piece of **property** in the middle of downtown Tokyo.
彼女は東京の商業地域の真ん中に、高価な土地を所有している。

---

6. All of his **assets** are tied up in **property**.
彼の資産のすべては不動産に投資されている。

---

7. They **claimed** that several million dollars' worth of goods were missing from the **inventory**.
彼らは数百万ドル分の商品が在庫からなくなっていると主張した。

次のページで爆発する単語は⇨ economy

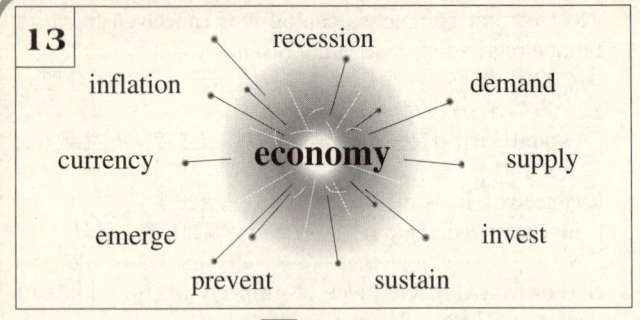

例文観察

1. At last the **economy** seems to be **emerging** from the **recession.**
   ついに経済は不況から抜け出しつつあるようだ。
   □ **economy** [ikánəmi] 名 経済、倹約
   □ **emerge** [imə́ːrdʒ] 動 現れる、明らかになる、抜け出す
   □ **recession** [riséʃən] 名 不景気

2. A fine balance between **supply** and **demand** must be **sustained** to **prevent inflation.**
   インフレを防ぐために、需要と供給の絶妙なバランスが保たれなければならない。
   □ **supply** [səplái] 名 供給 動 供給する、支給する (283ページ参照)
   □ **demand** [dimǽnd] 名 要求、需要 動 要求する、必要とする
   □ **sustain** [səstéin] 動 維持する、耐える
   □ **prevent** [privént] 動 妨げる、予防する
   □ **inflation** [infléiʃən] 名 通貨膨張、インフレーション、膨張

3. He **invested** in foreign **currency**, but made a heavy loss.
   彼は外貨に投資したが、大損をした。
   □ **invest** [invést] 動 投資する、費やす
   □ **currency** [kə́:rənsi] 名 貨幣、流通

4. **Sustaining** the **economy** is the ultimate duty of the government.
   国家の経済を維持することが政府の究極の義務である。

5. The Chinese yuan is **emerging** as a major **currency**.
   中国元が主要通貨として台頭しつつある。

6. The current **recession** is discouraging people from **investing** in stocks.
   現在の不況は人々に株に投資する気をなくさせている。

7. A company must **sustain demand** in order to stay in business.
   仕事を続けるためには、企業は需要を維持しなければならない。

次のページで爆発する単語は⇨ **finance**

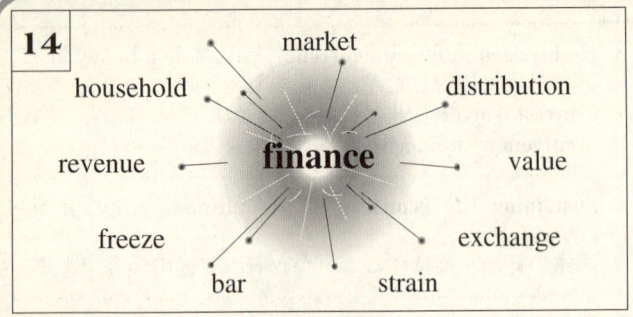

🏠 例文観察

1. The company's **finances** are **strained** owing to the rapid drop in property **values**.
   その会社の財政状態は、資産価値の急落のために逼迫している。
   □ **finance** [fáinæns] 图 財政、財源、財政状態
   □ **strain** [stréin] 動 最大限使う、精一杯働かせる
   □ **value** [vǽljuː] 图 価値、評価 動 評価する

2. **Revenue** from **household** consumption has dropped this year.
   今年は家計消費からの歳入が減少している。
   □ **revenue** [révən(j)ùː] 图 歳入、収入
   □ **household** [háushòuld] 图 家庭、家族(全員)、世帯

3. The **distribution** of the company's products has been **frozen** until the inquiry is over.
   調査が終わるまで、その会社の製品の配送は凍結されている。
   □ **distribution** [dìstribjúːʃən] 图 配布、配分、分布

□ **freeze** [fríːz] 動 凍る、凍らせる、凍結する

---

4. Farm produce from North America was **barred** from the **market** because of an outbreak of anthrax.
   炭疽菌の発生で、北アメリカからの農産物は市場から排除された。
   □ **bar** [báːr] 動 除外する、閉じる、かんぬきをする 名 棒、かんぬき、障害物
   □ **market** [máːrkit] 名 市場、販路

---

5. **Exchanging** local currency for US dollars is **barred** in many countries of the world.
   現地通貨をUSドルに両替することは世界の多くの国で禁止されている。
   □ **exchange** [ikstʃéindʒ] 動 交換する、両替する

---

6. The government intends to **freeze** pay raises in the public sector until tax **revenue** improves.
   税収が回復するまで、政府は公営企業の賃上げを凍結するつもりだ。

---

7. Running a company on **market** research is like driving while looking in the rear view mirror.
   市場調査に頼って会社を経営するのは、バックミラーを見ながら車を運転するようなものだ。

次のページで爆発する単語は⇨ **export**

15

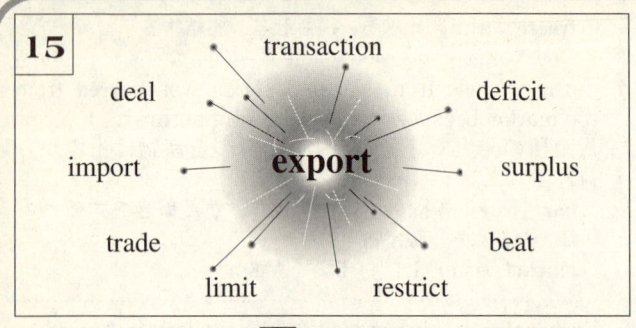

```
            transaction
   deal                  deficit
                export
   import                 surplus
      trade              beat
          limit    restrict
```

例文観察

1. **Limiting exports** will do nothing to solve the **deficit**.
   輸出額を制限することは赤字の解決に役立たない。
   □ **limit** [límit] 動 制限する、限定する　名 限界、区域
   □ **export** [ékspɔːrt] 名 輸出、輸出品　[ikspɔ́ːrt] 動 輸出する
   □ **deficit** [défəsit] 名 不足、赤字

   ....

2. Japan's government **restricts** the **import** of rice from overseas.
   日本政府は海外からの米の輸入を制限している。
   □ **restrict** [ristríkt] 動 制限する、禁止する
   □ **import** [ímpɔːrt] 名 輸入、輸入品　[impɔ́ːrt] 動 輸入する

   ....

3. The company **trades** with South Korea because it gets a better **deal** than on the domestic market.
   その会社は国内市場より有利な取引ができるため、韓国と貿易している。
   □ **trade** [tréid] 動 貿易する、取引する　名 貿易、商売、職

業
  □ **deal** [díːl] 名 商取引、契約、量 動 分配する、取引する

4. The National Police Agency is trying to **beat** illegal **transactions** connected to insider trading.
   警察庁はインサイダー取引にかかわる不法取引の撲滅に努めている。
   □ **beat** [bíːt] 動 打つ、打ち負かす
   □ **transaction** [trænsækʃən] 名 取引、売買

5. The **deal** he forged with the bank will give the company a capital **surplus**.
   彼が築き上げたその銀行との取引は、会社に資本余剰金をもたらすだろう。
   □ **surplus** [sə́ːrplʌs] 名 余り、黒字

6. The company are **restricting** overtime to compensate for this year's **deficit**.
   その会社は今年度の赤字を補塡(ほてん)するために、残業を制限している。

7. The government are hoping the issuance of bonds will relieve the tax **deficit**.
   政府は国債の発行によって税収不足を補えるものと期待している。

次のページで爆発する単語は⇨ **tax**

16

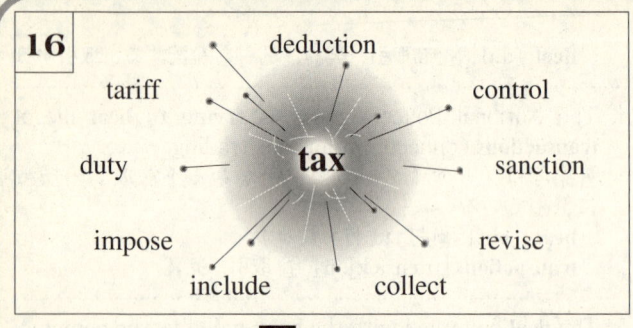

```
         deduction
tariff              control
    duty   tax   sanction
 impose             revise
     include  collect
```

例文観察

1. The price **includes** consumption **tax**.
   その値段には消費税が含まれている。
   □ **include** [inklú:d] 動 含む、勘定に入れる
   □ **tax** [tæks] 名 税 動 課税する

2. The United Nations has **imposed sanctions** on Iraq.
   国連はイラクに対し制裁を課した。
   □ **impose** [impóuz] 動 課す、無理に押しつける
   □ **sanction** [sæŋkʃən] 名 制裁、認可、拘束(力)

3. The **duty** that is **collected** on import **tariffs** is used to subsidize the agricultural surplus.
   輸入関税率に基づいて徴収された税金は、余剰農産物に対する補助金の支給に当てられている。
   □ **duty** [d(j)ú:ti] 名 義務、税、職務
   □ **collect** [kəlékt] 動 収集する、徴収する
   □ **tariff** [tærif] 名 関税、料金表

4. His tax **deductions** are more than my annual salary.

彼の税金の控除額は私の年収よりも多い。
□ **deduction** [didʌkʃən] 图 控除(額)、差引き

---

5. The **controls imposed** on the freedom of speech **include** the censorship of the news media.
言論の自由に課せられる規制には、報道機関の検閲が含まれている。
□ **control** [kəntróul] 图 支配、制限、抑制　動 支配する、規制する、抑える

---

6. Industrial **tariffs** must be **revised** to achieve growth in the private sector.
産業関税は民間企業が成長を遂げるために改正されなければならない。
□ **revise** [riváiz] 動 改訂する

---

7. A remarkable decrease in the **tax collected** from large-scale corporations has the government worried.
大企業から徴収される税が目立って減少していることに、政府は危惧を抱いている。

次のページで爆発する単語は⇨　**agency**

第1章　経済・産業

17

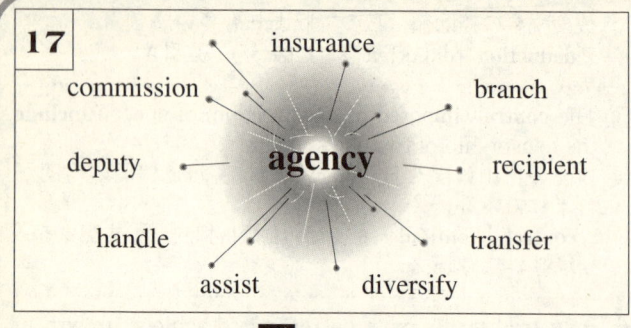

```
              insurance
commission                    branch
  deputy      agency        recipient
    handle                 transfer
       assist   diversify
```

📖 例文観察

1. His **agency handles** the **insurance** for commercial shipping.
   彼の代理店は商業輸送の保険を扱っている。
   - **agency** [éidʒənsi] 名 作用、代理店、媒介
   - **handle** [hǽndl] 動 扱う、対処する、手を触れる 名 取っ手
   - **insurance** [inʃúərəns] 名 保険、予防対策

....

2. He has been **transferred** to the **branch** in Osaka to **assist** the director's **deputy**.
   彼は副理事を補佐するために、大阪支社に出向させられている。
   - **transfer** [trænsfə́ːr] 動 移動する、乗り換える
     [trǽnsfəːr] 名 移動、転任(者)
   - **branch** [brǽntʃ] 名 支店、枝、支線
   - **assist** [əsíst] 動 助ける、手伝う
   - **deputy** [dépjəti] 名 代理(人)、補佐官

....

3. Having **diversified** into the multi-media business, that

company is now the **recipient** of several business awards.
マルチメディア事業に進出したことで、あの会社は今ではいくつもの事業賞を受けている。
□ **diversify** [dəvə́ːrsəfài] 動 多様化する、活動分野を広げる
□ **recipient** [risípiənt] 名 受取人、受領者

---

4. His **commission** is paid on a monthly basis and is **transferred** directly into his bank account.
彼の手数料は月単位で支給され、彼の銀行口座に直接振り込まれる。
□ **commission** [kəmíʃən] 名 代理手数料、委任、任務

---

5. We have hired **agencies** in four major cities to **handle** our advertising campaign.
われわれは宣伝活動を扱うために、4大都市に代理店を抱えている。

---

6. We are in the process of **diversifying** overseas, and have opened **branches** in both Sydney and Kuala Lumpur.
わが社は目下海外に進出中で、すでにシドニーとクアラルンプールの両市に支社を開設している。

---

7. The **commission** he receives for selling **insurance** provides him with a generous income.
彼は保険をセールスして受け取る手数料で、十分な収入を得ている。

次のページで爆発する単語は⇨ **president**

第1章 経済・産業

18

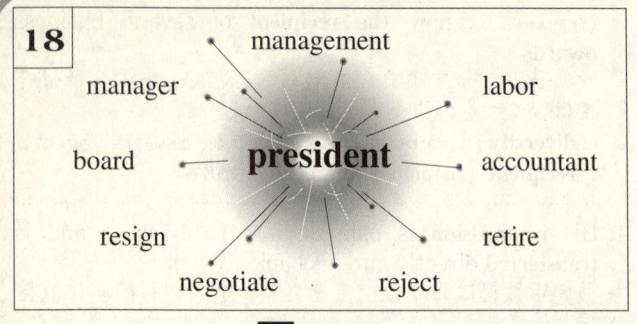

- management
- manager
- labor
- board
- **president**
- accountant
- resign
- retire
- negotiate
- reject

例文観察

1. The **president** is due to **retire** at the end of this fiscal year.
   社長は今会計年度末に退職することになっている。
   □ **president** [prézidənt] 名 社長、会長、大統領
   □ **retire** [ritáiər] 動 退職する、引退する

---

2. He **resigned** from the **board** for personal reasons.
   彼は一身上の都合で、その委員会から退いた。
   □ **resign** [rizáin] 動 辞職する、辞める
   □ **board** [bɔ́ːrd] 名 板、掲示板、委員会

---

3. The **management** offered an alternative deal, but it was **rejected** by the union.
   経営者側は別の協約を提示したが、労働組合によって拒否された。
   □ **management** [mǽnidʒmənt] 名 管理者側、経営陣
   □ **reject** [ridʒékt] 動 拒絶する、断る

---

4. The cost of **labor** in Japan is one of the reasons why

companies set up factories overseas.
日本における人件費は、多くの企業が海外に工場を建設する理由の1つである。
□ **labor** [léibər] 名 労働(力)、仕事　動 労働する

---

5. The senior **accountant** was nominated for a seat on the board.
その上級会計士は委員会のメンバーに任命された。
□ **accountant** [əkáuntənt] 名 会計士、会計係

---

6. He **negotiated** a valuable deal for sole import rights, and was promoted to **manager**.
彼は独占輸入権を求めて重要な契約を交渉成立させ、課長に昇進した。
□ **negotiate** [nigóuʃièit] 動 交渉する、取り決める、乗り越える
□ **manager** [mǽnidʒər] 名 部長、課長、責任者

---

7. Controlling the assignment of **labor** is the job of **management**.
労務の割当てを管理することが経営という仕事である。

次のページで爆発する単語は⇨　**personnel**

第1章 経済・産業　45

19

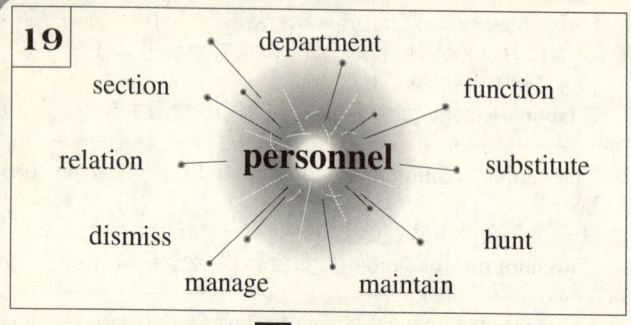

- department
- section
- function
- relation
- **personnel**
- substitute
- dismiss
- hunt
- manage
- maintain

例文観察

1. My **department** is **hunting** for new **personnel**.
   私の部では新しい職員を求めている。
   □ **department** [dipá:rtmənt] 名 部、課、部門
   □ **hunt** [hʌ́nt] 動 捜す、追跡する、狩猟する
   □ **personnel** [pə̀:rsənél] 名 全職員、人事部

2. He **managed** the **personnel department** before he was transferred to the sales **section**.
   彼は販売課に異動になる前は、人事部を取り仕切っていた。
   □ **manage** [mǽnidʒ] 動 取り扱う、管理する、何とかやり遂げる
   □ **section** [sékʃən] 名 部分、部門

3. The **function** of this **department** is to monitor quality standards for all of our products.
   この部の職務は、当社の全製品に対して品質基準を監視することだ。
   □ **function** [fʌ́ŋkʃən] 名 機能、役割

4. He was **dismissed** for embezzlement.
   彼は使い込みのかどで解雇された。
   □ **dismiss** [dismís] 動 解雇する、解散させる

5. He is extremely proud of the **relations** he **maintains** with his customers.
   彼は顧客と保っている関係を非常に誇りにしている。
   □ **relation** [riléiʃən] 名 関係、取引関係
   □ **maintain** [meintéin] 動 維持する、養う

6. We have installed a new e-mail system as a **substitute** for the facsimile machine.
   われわれはファクシミリ機の代わりに新しいEメールシステムをインストールした。
   □ **substitute** [sʌ́bstət(j)ùːt] 名 代用品 動 代用する、〜に代わる

7. His **section manages** the accounts for public corporations.
   彼の課では公益法人の会計記録を処理している。

次のページで爆発する単語は ⇨ **position**

第1章 経済・産業

20

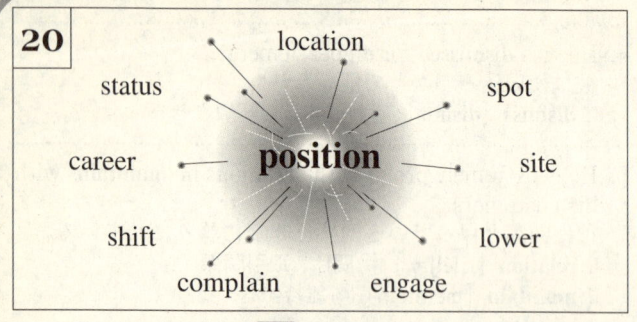

- location
- status
- spot
- career
- **position**
- site
- shift
- lower
- complain
- engage

📖 例文観察

1. She has been **engaged** in the **position** of secretary to the president.
   彼女は社長付き秘書の地位に就いている。
   □ **engage** [engéidʒ] 動 従事させる、引きつける、婚約させる
   □ **position** [pəzíʃən] 名 地位、職、位置

---

2. He **complained** because they **shifted** his desk to a new **spot** by the window.
   彼は自分の事務机が窓際の別の場所に移されたので文句を言った。
   □ **complain** [kəmpléin] 動 文句を言う、不平を言う
   □ **shift** [ʃíft] 動 移す、取り替える　名 変化
   □ **spot** [spát] 名 地点、場所、(斑)点

---

3. A transfer to the financial department will not **lower** your **status** within the company.
   財務部への配置転換で、社内でのあなたの地位が低下することはありませんよ。

- □ **lower** [lóuər] 動 下げる、下がる、低くなる
- □ **status** [stéitəs] 名 地位、名声

---

4. We are going to **shift** operations to a new **location** in Chiba Prefecture.
   われわれは千葉県の新たなる場所に営業本部を移すつもりだ。
   - □ **location** [loukéiʃən] 名 場所、位置

---

5. He will be retiring from a 40-year **career** in advertising next April.
   彼は今度の4月に40年の広告マン生活を終える。
   - □ **career** [kəríər] 名 経歴、生涯

---

6. Our parts factory will move to a new **site** closer to the distribution center.
   わが社の部品工場は配送センターにもっと近い新しい場所に移転する。
   - □ **site** [sáit] 名 場所 動 位置する

---

7. He has been **complaining** about his **status** since his department merged with ours.
   彼の部とわれわれの部が合併して以来、彼は自分の地位について不平を言い続けている。

次のページで爆発する単語は⇨　**staff**

第1章　経済・産業

21

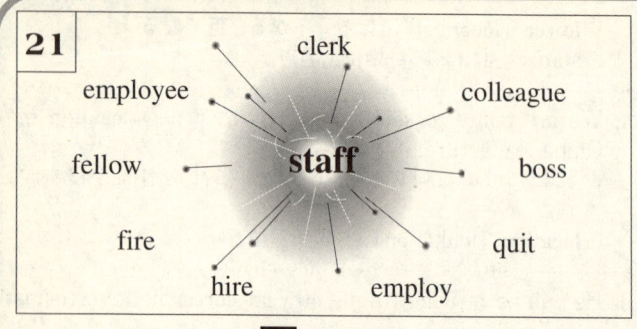

```
        clerk
employee      colleague
fellow   staff   boss
  fire         quit
     hire  employ
```

例文観察

1. We need to **employ** more **staff** in order to meet these ambitious targets.
   こうした挑戦的な目標を達成するには、もっと職員を雇用する必要がある。
   □ **employ** [emplói] 動 雇う、使用する
   □ **staff** [stǽf] 名 職員、部員

---

2. I **quit** before they could **fire** me.
   私は彼らが私を首にする前に辞めた。
   □ **quit** [kwít] 動 やめる、断念する 形 免れて、自由になって
   □ **fire** [fáiər] 動 発射する、火をつける、首にする 名 火、火事

---

3. I'll introduce you to a **colleague** in the personnel department who is in charge of **hiring** staff.
   社員雇用を担当している人事部の同僚をご紹介しましょう。
   □ **colleague** [káli:g] 名 同僚、仲間

□ **hire** [háiər] 動 雇う、賃借りする

4. We **hired** a new **clerk** to help the **boss** with the tedious parts of the project.
   われわれは上司を補佐して、そのプロジェクトの退屈な事務を担当する社員を新たに１名雇い入れた。
   □ **clerk** [klə́ːrk] 名 事務員、係
   □ **boss** [bɔ́ːs] 名 上司

5. He is the **fellow** who was **fired** because of constant lateness.
   彼は遅刻が絶えないために首になった男だ。
   □ **fellow** [félou] 名 仲間、（親愛をこめて）男

6. All male **employees** are required to wear a white shirt and necktie.
   すべての男性従業員はワイシャツにネクタイを着用することが義務づけられている。
   □ **employee** [implɔ́iiː] 名 従業員、社員

7. My colleague was **hired** to operate the computer, not to make coffee.
   私の同僚はお茶汲みをするためでなく、コンピューターを操作するために雇われたのだ。

次のページで爆発する単語は⇨ **expert**

第1章 経済・産業

22

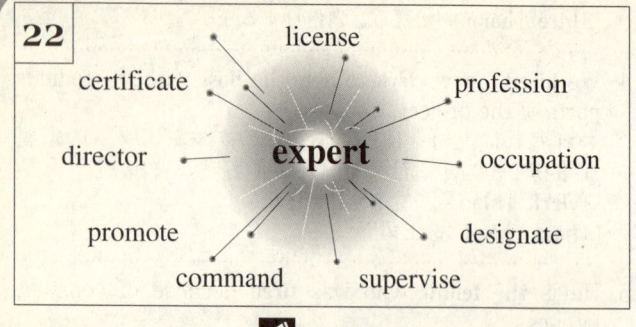

- license
- certificate
- profession
- director
- **expert**
- occupation
- promote
- designate
- command
- supervise

📖 例文観察

1. He is an **expert** at his chosen **occupation**.
   彼は自分で選んだ業務の専門家だ。
   □ **expert** [ékspə:rt] 名 専門家、熟練者　形 熟練した、専門の
   □ **occupation** [àkjəpéiʃən] 名 職業、業(種)、占有

2. She was **promoted** to **director** when the company expanded.
   彼女は会社が発展した時期に重役に昇進した。
   □ **promote** [prəmóut] 動 促進する、昇進させる
   □ **director** [dəréktər] 名 重役、管理職の人

3. His job is to **supervise** quality control and **promote** safety measures.
   彼の仕事は品質管理を監督し、安全対策を促進することだ。
   □ **supervise** [sú:pərvàiz] 動 監督する、管理する、指揮をとる

4. My driver's **license** is due to expire at the end of September.
   私の運転免許証は9月末に期限が切れるはずだ。
   □ **license** [láisəns] 图 許可、免許状

---

5. In my **profession**, it takes many years of hard work to become an expert in the field.
   私の職業の分野では、エキスパートになるには長年のたゆまぬ努力が必要だ。
   □ **profession** [prəféʃən] 图 職業、公言

---

6. His superior **commanded** him to obtain a **certificate** in data processing.
   彼の上司はデータ処理の資格を取るよう彼に命じた。
   □ **command** [kəmǽnd] 動 命じる、指揮する
   □ **certificate** [sərtífikət] 图 証明書、免許状

---

7. He has been **designated** to take over from the **director** who is retiring.
   彼は退職する予定になっている重役の後を引き継ぐよう指名されている。
   □ **designate** [dézignèit] 動 指名する、明示する

次のページで爆発する単語は ⇨ **mission**

第1章 経済・産業 53

23

- appointment
- assignment
- performance
- role
- **mission**
- breakthrough
- insist
- undertake
- encourage
- achieve

例文観察

1. His **mission** is to negotiate for peace, but no **breakthrough** is in sight.
   彼の任務は平和に向けて交渉することであるが、突破口は開かれていない。
   □ **mission** [míʃən] 名 使節、使命
   □ **breakthrough** [bréikθrùː] 名 進展、突破、躍進

2. She **encouraged** him to accept the temporary **appointment**.
   彼女はその臨時の指名を受けるよう彼を励ました。
   □ **encourage** [enkə́ːridʒ] 動 勇気づける、奨励する
   □ **appointment** [əpɔ́intmənt] 名 任命、約束

3. Our section head **insisted** that we improve our **performance**.
   われわれの課長は業績を向上させるべきだと主張した。
   □ **insist** [insíst] 動 主張する、要求する、固執する
   □ **performance** [pərfɔ́ːrməns] 名 遂行、性能、上演

4. If we **undertake** this project, I insist that we be provided with sufficient budget.
　もしこの事業計画を引き受けるのであれば、私は十分な予算をつけてもらうように要求する。
　□ **undertake** [ʌ̀ndərtéik] 動 引き受ける、着手する

---

5. I have to **achieve** my target for the month.
　私は月間の(売り上げ)目標を達成しなければならない。
　□ **achieve** [ətʃíːv] 動 成し遂げる、完成する

---

6. His **role** in the company is to **encourage** the employees to give their best **performance**.
　社内における彼の役目は、最高の業績を上げるよう従業員を励ますことだ。
　□ **role** [róul] 名 役、役割、任務

---

7. He must be successful in that **assignment** if he wants to **achieve** his aim of promotion.
　もし昇進の目的を達成したければ、彼はその任務を成功裏に果たさなければならない。
　□ **assignment** [əsáinmənt] 名 割当て、任務、宿題

次のページで爆発する単語は ⇨　**routine**

24

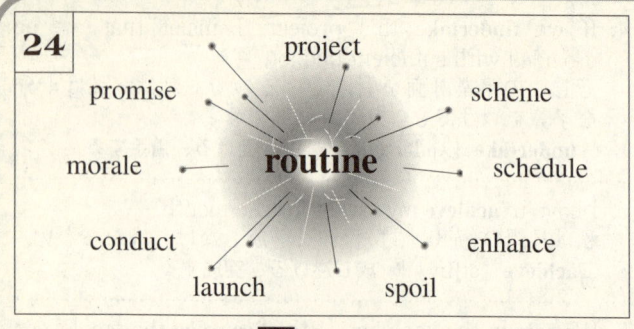

promise · project · scheme
morale · **routine** · schedule
conduct · · enhance
launch · spoil

例文観察

1. Including a mid-morning coffee break in the daily **routine** should **enhance morale.**
   日々の仕事の中に午前中のお茶の時間を入れることは士気を高めるはずだ。
   □ **routine** [ruːtíːn] 名 日課、慣例 形 日常の
   □ **enhance** [enhǽns] 動 高める、増す
   □ **morale** [mərǽl] 名 士気、意気込み

---

2. They **conducted** a **routine** inspection of the production line.
   彼らは生産ラインの定期点検を実施した。
   □ **conduct** [kəndʌ́kt] 動 導く、指揮する [kándʌkt] 名 行為、管理

---

3. The **schedule** for **launching** the new project has been delayed.
   新規プロジェクトを立ち上げるためのスケジュールが遅れている。
   □ **schedule** [skédʒuːl] 名 予定(表)、スケジュール 動 予定

する、予定を立てる
□ **launch** [lɔ́:ntʃ] 動 進水させる、始める

4. The new pension **scheme** was **launched** in April.
その新たな年金制度は4月に発足した。
□ **scheme** [skí:m] 名 計画、仕組み

5. The director assured me that I would be the manager of the new section, but he broke his **promise**.
重役は、私を新設される課の課長にすると確約したのに、その約束を破った。
□ **promise** [prɑ́məs] 名 約束、見込み 動 約束する

6. The construction company kept its **promise** not to **spoil** the view when building that block of condominiums.
その建設会社はあの分譲マンションの建設中、景観を損ねないという約束を守った。
□ **spoil** [spɔ́il] 動 だめにする、甘やかす

7. We need to **conduct** an investigation into potential losses before we **launch** the new **project**.
われわれはその新規プロジェクトに着手する前に、起こりうる損失の調査を実施する必要がある。
□ **project** [prɑ́dʒekt] 名 計画、大事業 [prədʒékt] 動 企てる、見積もる

次のページで爆発する単語は⇨ **problem**

第1章 経済・産業 57

25

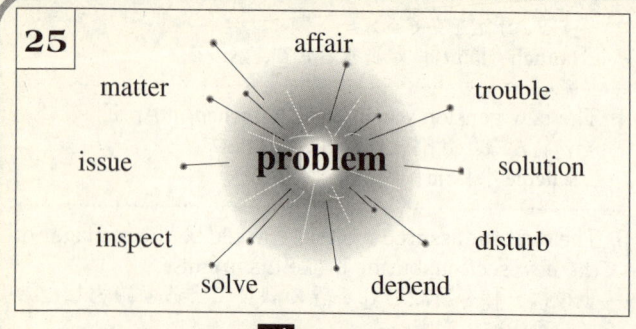

- affair
- matter
- trouble
- issue
- **problem**
- solution
- inspect
- disturb
- solve
- depend

🏠 例文観察

1. They **inspected** the facilities and came up with a **solution** to the **problem** of leaking oil.
   彼らは設備を点検して油漏れトラブルの解決法を見つけた。
   □ **inspect** [ɪnspékt] 動 調査する
   □ **solution** [səlúːʃən] 名 解決、解答
   □ **problem** [prábləm] 名 問題、難問

---

2. This **issue depends** on customer loyalty, and is not a **matter** of reckless management.
   この問題は顧客の信義にかかっているのであって、無謀な経営の問題ではない。
   □ **issue** [íʃuː] 名 発行(物)、問題 動 発行する (280ページ参照)
   □ **depend** [dipénd] 動 頼る、〜次第である
   □ **matter** [mǽtər] 名 問題、事柄、物質

---

3. The **affair** caused **trouble** in the government, and **disturbed** plans for increasing the consumption tax.

その出来事は政府内にごたごたを引き起こし、消費税引き上げ計画の障害となった。
- □ **affair** [əféər] 名 事件、事柄、事務
- □ **trouble** [trʌ́bl] 名 もめごと、面倒、心配　動 面倒をかける、悩ます
- □ **disturb** [distə́ːrb] 動 邪魔する、乱す

---

4. The **problem** must be **solved** quickly before it causes a complicated **issue**.
   その問題は争点がこじれる前に早急に解決されなければならない。
   - □ **solve** [sálv] 動 解決する、(問題を)解く

---

5. A **solution** to the **matter depended** on the method in which sales figures were **inspected**.
   その問題の解決策は売上高の調査方法にかかっていた。

---

6. I don't want to cause **trouble**, but I find your attitude **disturbing**.
   トラブルを起こしたくはないのですが、あなたの態度は問題が多いと思いますよ。

---

7. We must **solve** the economic **issue** before we go ahead with production.
   われわれは生産を続行する前に経済上の問題を解決しなければならない。

82ページで爆発する単語は⇨ politics

第1章 経済・産業

Review Quiz

第1章

1 アンケート用紙に記入することがむだではないと顧客に納得させる必要がある。
We need to (c　　) our (c　　) that filling in the (q　　) is worthwhile.　P.10〜P.11

2 わが社の新ラインアップのパンフレットを贈らせていただきます。
(A　　) me to present you with a (b　　) of our new line-up.

3 私はそのお客様を招待してわが社のユニークな施設を案内した。
I (i　　) the (v　　) to inspect our unique facilities.

4 顧客と相談して料金値上げを受け入れてもらえるか確認するつもりだ。
I will (c　　) with our (c　　) and see if they will accept an increase in rates.

5 申し訳ございませんが、お客様の研究所への立ち入りはご遠慮ください。
I'm afraid that we cannot (a　　) (g　　) to enter the laboratory.

6 委員会は会社案内を送付することが強力な戦略になると確信していた。
The committee was (c　　) that sending out company (b　　) would be a potent strategy.

7 医師の診療を受ける前に問診表にご記入ください。
You have to fill out a (q　　) before you can (c　　) the doctor.

8 あのレストランは高額な料金を下げすれば、はやるだろう。　P.12〜P.13

That restaurant does not (d   ) to flourish until it lowers its costly (p   ).

9 高速道路の使用料金は値下げされるべきだ。
The (f   ) (c   ) for using express ways should be reduced.

10 あなたは契約書にサインして、しかるべき料金を払うだけでいいのです。
All you have to do is (s   ) the (c   ) and then pay the appropriate (f   ).

11 政府は持ち家を増大させるために、ローンの利子を引き下げた。
The government reduced the (i   ) on loans in order to (b   ) home ownership.

12 新車購入の場合には、彼らの金利はわずか2パーセントだ。
Their (r   ) of interest is only two percent on new car purchases.

13 運賃はご乗車前にお支払いください。ただし、1等の料金は乗車後のお支払いでも結構です。
The (f   ) must be paid before you get on the train, but the (c   ) for using first class can be paid on board.

14 整備契約書にサインすれば修理代は免除されます。
The (p   ) (c   ) for repairs is waived if you (s   ) a maintenance (c   ).

15 その法廷訴訟にかかった費用は、被告人によって支払われなければならなかった。
The (c   ) incurred for the court case had to be paid by the defendant.

16 彼は総費用を算出してから、それに足る金額の小切手を書いた。
He (c   ) the total cost, and then wrote a (c   )

for the relevant sum.

17 ホテルがチップを精算額に加えてくれたらいいのになあ。
I wish hotels would include (t   ) in the final (b   ).

18 新造船受注の売上高が減少傾向にあり、政府は懸念している。
The government is worried as (r   ) for new ship orders are (d   ).

19 あのレストランで食事をした後、1万円札を出して戻ってきたおつりのあまりの少なさに驚いた。
I was (a   ) at how little (c   ) I got back from a 10,000 yen note after eating at that restaurant.

20 彼はつり銭を勘定し、チップとしてコインを数枚置いていった。
He (c   ) out the (c   ), and left a few coins as a (t   ).

21 輸出額が減少しているが、このことは自動車メーカーに難しい問題を投げかけている。
Exports are (d   ), which poses a formidable problem to automobile manufacturers.

22 環境にやさしい車に当てられる割引率は上がってきている。
The (d   ) (a   ) to environment-friendly automobiles has been increased.

23 妻はわれわれのハワイ旅行に格安商品を見つけ、前金で全額を支払った。
My wife found a (b   ) for our trip to Hawaii, and (p   ) the full (s   ) in (a   ).

24 彼らが車の修理代として請求した金額は、作業内容から判断して法外に見えた。
The (a   ) that they charged for repairing my car seems (d   ) from the work they had done.

25 政府開発援助に割当てられた金額の総計は、前年に比べて減少している。
The (s   ) of money (a   ) to Official Development Assistance has (d   ) over the past year.

26 不況のため、2002会計年度の総納税額は前年に比べて減少した。
Total tax (p   ) for fiscal 2002 (d   ) over the previous year owing to the recession.

27 家賃が払えるように、給料を前払いしていただけませんか。
Could you let me have an (a   ) on my salary so I can (p   ) my rent?

28 大幅な割引にもかかわらず、彼はその家の代金を全額払おうとしなかった。
Despite the generous (d   ), he still refused to (p   ) the full (s   ) for the house.

29 分離口座を開くことで、私は以前より多く貯金ができるようになった。
Opening a separate (a   ) has (e   ) me to (s   ) more money than before.

P.18 〜 P.19

30 その会社が積み重ねた負債は、株主に深刻な損失を与える結果となった。
The (d   ) that the company (a   ) has resulted in a severe (l   ) to the stockholders.

31 今ローンを完済すれば君は数百ドル節約できると思う。
I (e   ) that you will (s   ) several hundred dollars if you pay off your (l   ) now.

32 彼女はその毛皮のコートに手付金を払ったが、なお残金の支払いにローンを組む必要があるだろう。
She put a (d   ) on the fur coat, but will still need a (l   ) to pay the remainder.

33 私に支払うべき金額を私の銀行口座に振り込むよう、保険会社に依頼した。
I asked the insurance company to transfer the (c　　) they owe me over to my bank account.

34 その会社は今年の損失は前年を40％上回るものと見積もっている。
The company has (e　　) that this year's (l　　) will surpass last year's by forty percent.

35 今やクレジットカードを取り消されるのは、中世の教会から破門されるようなものだ。
To have one's (c　　) cards canceled is now akin to being excommunicated by the medieval church.

36 毎年私が稼ぐ収入のうち約30パーセントは住宅ローンの支払いに当てられる。
About thirty percent of the (i　　) I (e　　) every year goes to pay for my housing loan.

37 自動車メーカーの株には他企業より高収益が得られるという利点がある。
Stocks in automobile manufacturers have the (a　　) of (y　　) higher (g　　) than other companies.

38 彼の賃金は企業収益に照らして評価され、彼は思いがけない給料アップを受けた。
His (w　　) were (e　　) against corporate (p　　) and he received a surprise pay raise.

39 彼は年収の一部をいくつかの慈善団体に寄付している。
He (s　　) a portion of his yearly (i　　) among several charities.

40 従業員と利益を分かち合うことの利点は計り知れない。
The (b　　) of (s　　) (p　　) with the employees are huge.

P.20
〜
P.21

41 インターネットで立ち上げた会社に投資しても、最高の利益は期待できない。
The optimum (g   ) you can expect from investing in Internet start-up companies is not well (e   ).

42 彼女はコンピュータープログラマーとして申し分ない賃金を稼ぎ、在宅勤務という恩恵にも浴している。
She (e   ) a splendid (w   ) as a computer programmer, and also has the (b   ) of working from home.

43 大都市に住んでいる人たちは、農村地域の人たちよりも多くのぜいたく品を消費することが立証されている。
It has been proved that people who live in large cities (c   ) a larger number of (l   ) (g   ) than people in rural areas.

44 私たちが購入したもののほとんどすべてが中国製だった。
Nearly all of our (p   ) were (m   ) in China.

45 政府は狂牛病の恐れがある国からの肉の買い入れを一時停止した。
The government (s   ) the (p   ) of meat from countries threatened with mad cow disease.

46 健康によい生産品は全国のスーパーマーケットに配送され、賢い消費者に売られている。
Health products are (d   ) to supermarkets all over the country, and then sold to shrewd (c   ).

47 ぜいたく品とみなされる商品は、ほとんどが高額所得層の人たちによって消費されている。
(C   ) that are considered to be (l   ) are mostly (c   ) by people in higher wage brackets.

48 彼は現在は小売りで働いているが、研修は卸売りで受けた。
He works in (r   ) now, but he received his training

P.22 ～ P.23

第1章 経済・産業   65

in wholesale.

49 あの会社は消費者の手に渡る商品を製造しており、それは通信販売の倉庫から配送される。
That company (m　　)(c　　)(c　　) that are (d　　) from mail-order warehouses.

50 われわれ2つの会社は経費削減のために流通を共有している。
Our two (c　　)(c　　) on distribution to save costs.

51 彼は昨年10月に自分の会社を東京証券取引所に登録し、その株価はすでに倍になっている。
He (r　　) his (f　　) on the Tokyo Stock Exchange last October, and his stock price has doubled already.

52 その企業はインターネット上でEコマースサイトの運営経験がある起業家によって始められた。
The (e　　) was started up by an (e　　) who has experience in (o　　) e-commerce sites on the Internet.

53 彼は大企業で働き始めたが、自分の会社を設立するために退社した。
He started off working for a large (c　　), but quit to (e　　) his own firm.

54 彼の事業では、あるアパレル会社と共同してカジュアルウェアの新商品のデザインと販売をした。
His (b　　)(c　　) with an apparel company to design and sell a new line of casual clothes.

55 彼の法人は韓国で小売業に参入したいと切望しており、すでにソウルにオフィスを設立している。
His (c　　) is anxious to enter the retail (b　　) in South Korea, and has already (e　　) an office in Seoul.

56 あなたの会社のデザインが他企業に使用されるのを防ぐために、商標登録をしなければだめだ。
Your (f　　) must (r　　) a trademark for the design

to protect it from being used by other (e　　).

57 彼は大手企業数社の株を保有している。
He (h　　) (s　　) in several major companies.

58 彼らは半導体製造用の新施設を建設するために、十分な出資金を調達した。
They (r　　) sufficient (i　　) to construct a new (f　　) for manufacturing semi-conductors.

59 彼が保有しているその会社の株は、ここ1年で驚くほど値下がりしてしまった。
The (s　　) he (h　　) in the company have (d　　) to an enormous extent over the past year.

60 もし、安全な投資を望むのであれば、国債を購入してはどうですか。
If you want a safe (i　　), I suggest you purchase government (b　　).

61 あの施設は十分に設備を活用していないために、投資家を引きつけるのが困難だ。
That (f　　) doesn't (u　　) its (e　　) efficiently, and therefore has trouble attracting investors.

62 わが社の生産ライン設備はひどく悪化しているので、プラントをそっくり改装する必要がある。
Our production line (e　　) has (d　　) so badly that we need to refurbish the entire plant.

63 私は来春になれば満期になる債権を数百万円保有している。
I (h　　) several million yen in (b　　) that won't mature until next spring.

64 品質管理目的に労働者をもう1人雇うのにかかる費用は、製品の原価に計上される。
The (e　　) involved in (s　　) another worker for quality control purposes is accounted for the (c　　) of

the (p   ).

65 高解像度のテレビ用のプラズマスクリーンの製造は、きわめてコストのかかる工程だ。
The (m   ) of plasma screens to (p   ) high-resolution televisions is an extremely costly (p   ).

66 生産ラインを交換するための費用は、10億円近くになると推定される。
They (r   ) the (c   ) of (r   ) the (p   ) line will reach nearly one billion yen.

67 私の上司は、環境にやさしい製品を製造することで会社は倒産せずにすむものと考えている。
My supervisor (r   ) the (p   ) of an environment-friendly (p   ) will save the company from bankruptcy.

68 その製品は環境にやさしい生物分解性プラスチックでできている。
The (p   ) is (p   ) from biodegradable plastic that is kind to the environment.

69 すでに一般の市場でもっと低価格で手に入るというのに、なぜネジとボルトを自社製造するのか。
Why (p   ) the screws and bolts ourselves when they are already available at lower (c   ) on the open market?

70 あの会社はたった3年前に設立されたのに、すでに業界でトップ企業になっている。
That company was established only three years ago, but is already a leader in the (i   ).

71 製品を上手に広告することは、大衆のブランド認識を高める。
(A   ) a product successfully increases (b   ) recognition with the public.

72 マイクロソフト社は競争相手を追い抜き、コンピューター

オペレーションシステムを独占している。
Microsoft has (o　) the (c　) and established a (m　) in computer operating systems.

73 旅行産業は大きく発展し、今ではあらゆる年齢のグループにふさわしいサービスを提供している。
The travel industry has (a　) to such a degree that they now offer (s　) for all age groups.

74 目下の経済情勢にあっては、広告は競争に不可欠な要素だ。
(A　) is a cardinal element for (c　) in the current economic climate.

75 一連の広告を出した結果、その会社はライバル社を追い抜くことができた。
The result of a series of (a　) helped the company (o　) their rivals.

76 日本では、ほんのわずかなヨーロッパブランドがファッショングッズを独占している。
Only a few European (b　) hold a (m　) on fashion goods in Japan.

77 彼は株から土地まで、広範にわたる資産を所有している。
He (o　) a wide range of (a　) from stocks to (p　).

78 彼は裕福な親戚から財産を相続した。
He (i　) his (f　) from a rich relative.

79 彼の死後、その遺産は年配の縁者によって権利が主張された。
After his death, his (e　) was (c　) by an elderly cousin.

80 あの会社の資本のほとんどは、ユニークな在庫管理方法から築き上げられた。
Most of that company's (c　) was (c　) from

its unique method of controlling (i).

81 彼女は東京の商業地域の真ん中に、高価な土地を所有している。
She (o) a valuable piece of (p) in the middle of downtown Tokyo.

82 彼の資産のすべては不動産に投資されている。
All of his (a) are tied up in (p).

83 彼らは数百万ドル分の商品が在庫からなくなっていると主張した。
They (c) that several million dollars' worth of goods were missing from the (i).

84 ついに経済は不況から抜け出しつつあるようだ。
At last the (e) seems to be (e) from the (r).

85 インフレを防ぐために、需要と供給の絶妙なバランスが保たれなければならない。
A fine balance between (s) and (d) must be (s) to (p) (i).

86 彼は外貨に投資したが、大損をした。
He (i) in foreign (c), but made a heavy loss.

87 国家の経済を維持することが政府の究極の義務である。
(S) the (e) is the ultimate duty of the government.

88 中国元が主要通貨として台頭しつつある。
The Chinese yuan is (e) as a major (c).

89 現在の不況は人々に株に投資する気をなくさせている。
The current (r) is discouraging people from (i) in stocks.

90 仕事を続けるためには、企業は需要を維持しなければならない。

P.34 〜 P.35

A company must (s   ) (d   ) in order to stay in business.

91 その会社の財政状態は、資産価値の急落のために逼迫している。
The company's (f   ) are (s   ) owing to the rapid drop in property (v   ).

P.36 〜 P.37

92 今年は家計消費からの歳入が減少している。
(R   ) from (h   ) consumption has dropped this year.

93 調査が終わるまで、その会社の製品の配送は凍結されている。
The (d   ) of the company's products has been (f   ) until the inquiry is over.

94 炭疽菌の発生で、北アメリカからの農産物は市場から排除された。
Farm produce from North America was (b   ) from the (m   ) because of an outbreak of anthrax.

95 現地通貨をUSドルに両替することは世界の多くの国で禁止されている。
(E   ) local currency for US dollars is (b   ) in many countries of the world.

96 税収が回復するまで、政府は公営企業の賃上げを凍結するつもりだ。
The government intends to (f   ) pay raises in the public sector until tax (r   ) improves.

97 市場調査に頼って会社を経営するのは、バックミラーを見ながら車を運転するようなものだ。
Running a company on (m   ) research is like driving while looking in the rear view mirror.

98 輸出額を制限することは赤字の解決に役立たない。
(L   ) (e   ) will do nothing to solve the (d   ).

P.38 〜 P.39

99 日本政府は海外からの米の輸入を制限している。
Japan's government (r   ) the (i   ) of rice from overseas.

100 その会社は国内市場より有利な取引ができるため、韓国と貿易している。
The company (t   ) with South Korea because it gets a better (d   ) than on the domestic market.

101 警察庁はインサイダー取引にかかわる不法取引の撲滅に努めている。
The National Police Agency is trying to (b   ) illegal (t   ) connected to insider trading.

102 彼が築き上げたその銀行との取引は、会社に資本余剰金をもたらすだろう。
The (d   ) he forged with the bank will give the company a capital (s   ).

103 その会社は今年度の赤字を補填するために、残業を制限している。
The company are (r   ) overtime to compensate for this year's (d   ).

104 政府は国債の発行によって税収不足を補えるものと期待している。
The government are hoping the issuance of bonds will relieve the tax (d   ).

105 その値段には消費税が含まれている。
The price (i   ) consumption (t   ).

106 国連はイラクに対し制裁を課した。
The United Nations has (i   ) (s   ) on Iraq.

107 輸入関税率に基づいて徴収された税金は、余剰農産物に対する補助金の支給に当てられている。
The (d   ) that is (c   ) on import (t   ) is

P.40
〜
P.41

used to subsidize the agricultural surplus.

108 彼の税金の控除額は私の年収よりも多い。
His tax (d   ) are more than my annual salary.

109 言論の自由に課せられる規制には、報道機関の検閲が含まれている。
The (c   ) (i   ) on the freedom of speech (i   ) the censorship of the news media.

110 産業関税は民間企業が成長を遂げるために改正されなければならない。
Industrial (t   ) must be (r   ) to achieve growth in the private sector.

111 大企業から徴収される税が目立って減少していることに、政府は危惧を抱いている。
A remarkable decrease in the (t   ) (c   ) from large-scale corporations has the government worried.

112 彼の代理店は商業輸送の保険を扱っている。
His (a   ) (h   ) the (i   ) for commercial shipping.

113 彼は副理事を補佐するために、大阪支社に出向させられている。
He has been (t   ) to the (b   ) in Osaka to (a   ) the director's (d   ).

114 マルチメディア事業に進出したことで、あの会社は今ではいくつもの事業賞を受けている。
Having (d   ) into the multi-media business, that company is now the (r   ) of several business awards.

115 彼の手数料は月単位で支給され、彼の銀行口座に直接振り込まれる。
His (c   ) is paid on a monthly basis and is (t   ) directly into his bank account.

116 われわれは宣伝活動を扱うために、4大都市に代理店を抱えている。
We have hired (a   ) in four major cities to (h   ) our advertising campaign.

117 わが社は目下海外に進出中で、すでにシドニーとクアラルンプールの両市に支社を開設している。
We are in the process of (d   ) overseas, and have opened (b   ) in both Sydney and Kuala Lumpur.

118 彼は保険をセールスして受け取る手数料で、十分な収入を得ている。
The (c   ) he receives for selling (i   ) provides him with a generous income.

119 社長は今会計年度末に退職することになっている。
The (p   ) is due to (r   ) at the end of this fiscal year.

120 彼は一身上の都合で、その委員会から退いた。
He (r   ) from the (b   ) for personal reasons.

121 経営者側は別の協約を提示したが、労働組合によって拒否された。
The (m   ) offered an alternative deal, but it was (r   ) by the union.

122 日本における人件費は、多くの企業が海外に工場を建設する理由の1つである。
The cost of (l   ) in Japan is one of the reasons why companies set up factories overseas.

123 その上級会計士は委員会のメンバーに任命された。
The senior (a   ) was nominated for a seat on the board.

124 彼は独占輸入権を求めて重要な契約を交渉成立させ、課長に昇進した。
He (n   ) a valuable deal for sole import rights, and

was promoted to (m   ).

125 労務の割当てを管理することが経営という仕事である。
Controlling the assignment of (l   ) is the job of (m   ).

126 私の部では新しい職員を求めている。
My (d   ) is (h   ) for new (p   ).

127 彼は販売課に異動になる前は、人事部を取り仕切っていた。
He (m   ) the (p   ) (d   ) before he was transferred to the sales (s   ).

128 この部の職務は、当社の全製品に対して品質基準を監視することだ。
The (f   ) of this (d   ) is to monitor quality standards for all of our products.

129 彼は使い込みのかどで解雇された。
He was (d   ) for embezzlement.

130 彼は顧客と保っている関係を非常に誇りにしている。
He is extremely proud of the (r   ) he (m   ) with his customers.

131 われわれはファクシミリ機の代わりに新しいEメールシステムをインストールした。
We have installed a new e-mail system as a (s   ) for the facsimile machine.

132 彼の課では公益法人の会計記録を処理している。
His (s   ) (m   ) the accounts for public corporations.

133 彼女は社長付き秘書の地位に就いている。
She has been (e   ) in the (p   ) of secretary to the president.

134 彼は自分の事務机が窓際の別の場所に移されたので文句を

言った。
He (c　　) because they (s　　) his desk to a new (s　　) by the window.

135 財務部への配置転換で、社内でのあなたの地位が低下することはありませんよ。
A transfer to the financial department will not (l　　) your (s　　) within the company.

136 われわれは千葉県の新たなる場所に営業本部を移すつもりだ。
We are going to (s　　) operations to a new (l　　) in Chiba Prefecture.

137 彼は今度の4月に40年の広告マン生活を終える。
He will be retiring from a 40-year (c　　) in advertising next April.

138 わが社の部品工場は配送センターにもっと近い新しい場所に移転する。
Our parts factory will move to a new (s　　) closer to the distribution center.

139 彼の部とわれわれの部が合併して以来、彼は自分の地位について不平を言い続けている。
He has been (c　　) about his (s　　) since his department merged with ours.

140 こうした挑戦的な目標を達成するには、もっと職員を雇用する必要がある。
We need to (e　　) more (s　　) in order to meet these ambitious targets.

141 私は彼らが私を首にする前に辞めた。
I (q　　) before they could (f　　) me.

142 社員雇用を担当している人事部の同僚をご紹介しましょう。
I'll introduce you to a (c　　) in the personnel

P.50
〜
P.51

department who is in charge of (h   ) staff.

143 われわれは上司を補佐して、そのプロジェクトの退屈な事務を担当する社員を新たに1名雇い入れた。
We (h   ) a new (c   ) to help the (b   ) with the tedious parts of the project.

144 彼は遅刻が絶えないために首になった男だ。
He is the (f   ) who was (f   ) because of constant lateness.

145 すべての男性従業員はワイシャツにネクタイを着用することが義務づけられている。
All male (e   ) are required to wear a white shirt and necktie.

146 私の同僚はお茶汲みをするためでなく、コンピューターを操作するために雇われたのだ。
My colleague was (h   ) to operate the computer, not to make coffee.

147 彼は自分で選んだ業務の専門家だ。
He is an (e   ) at his chosen (o   ).

148 彼女は会社が発展した時期に重役に昇進した。
She was (p   ) to (d   ) when the company expanded.

149 彼の仕事は品質管理を監督し、安全対策を促進することだ。
His job is to (s   ) quality control and (p   ) safety measures.

150 私の運転免許証は9月末に期限が切れるはずだ。
My driver's (l   ) is due to expire at the end of September.

151 私の職業の分野では、エキスパートになるには長年のたゆまぬ努力が必要だ。

In my (p   ), it takes many years of hard work to become an expert in the field.

152 彼の上司はデータ処理の資格を取るよう彼に命じた。
His superior (c   ) him to obtain a (c   ) in data processing.

153 彼は退職する予定になっている重役の後を引き継ぐよう指名されている。
He has been (d   ) to take over from the (d   ) who is retiring.

154 彼の任務は平和に向けて交渉することであるが、突破口は開かれていない。
His (m   ) is to negotiate for peace, but no (b   ) is in sight.

P.54 〜 P.55

155 彼女はその臨時の指名を受けるよう彼を励ました。
She (e   ) him to accept the temporary (a   ).

156 われわれの課長は業績を向上させるべきだと主張した。
Our section head (i   ) that we improve our (p   ).

157 もしこの事業計画を引き受けるのであれば、私は十分な予算をつけてもらうように要求する。
If we (u   ) this project, I insist that we be provided with sufficient budget.

158 私は月間の（売り上げ）目標を達成しなければならない。
I have to (a   ) my target for the month.

159 社内における彼の役目は、最高の業績を上げるよう従業員を励ますことだ。
His (r   ) in the company is to (e   ) the employees to give their best (p   ).

160 もし昇進の目的を達成したければ、彼はその任務を成功裏に果たさなければならない。
He must be successful in that (a   ) if he wants to

(a   ) his aim of promotion.

161 日々の仕事の中に午前中のお茶の時間を入れることは士気を高めるはずだ。
Including a mid-morning coffee break in the daily (r   ) should (e   ) (m   ).

162 彼らは生産ラインの定期点検を実施した。
They (c   ) a (r   ) inspection of the production line.

163 新規プロジェクトを立ち上げるためのスケジュールが遅れている。
The (s   ) for (l   ) the new project has been delayed.

164 その新たな年金制度は4月に発足した。
The new pension (s   ) was (l   ) in April.

165 重役は、私を新設される課の課長にすると確約したのに、その約束を破った。
The director assured me that I would be the manager of the new section, but he broke his (p   ).

166 その建設会社はあの分譲マンションの建設中、景観を損ねないという約束を守った。
The construction company kept its (p   ) not to (s   ) the view when building that block of condominiums.

167 われわれはその新規プロジェクトに着手する前に、起こりうる損失の調査を実施する必要がある。
We need to (c   ) an investigation into potential losses before we (l   ) the new (p   ).

168 彼らは設備を点検して油漏れトラブルの解決法を見つけた。
They (i   ) the facilities and came up with a (s   ) to the (p   ) of leaking oil.

169 この問題は顧客の信義にかかっているのであって、無謀な経営の問題ではない。
This (i   ) (d   ) on customer loyalty, and is not a (m   ) of reckless management.

170 その出来事は政府内にごたごたを引き起こし、消費税引き上げ計画の障害となった。
The (a   ) caused (t   ) in the government, and (d   ) plans for increasing the consumption tax.

171 その問題は争点がこじれる前に早急に解決されなければならない。
The (p   ) must be (s   ) quickly before it causes a complicated (i   ).

172 その問題の解決策は売上高の調査方法にかかっていた。
A (s   ) to the (m   ) (d   ) on the method in which sales figures were (i   ).

173 トラブルを起こしたくはないのですが、あなたの態度は問題が多いと思いますよ。
I don't want to cause (t   ), but I find your attitude (d   ).

174 われわれは生産を続行する前に経済上の問題を解決しなければならない。
We must (s   ) the economic (i   ) before we go ahead with production.

第2章

政治・法律

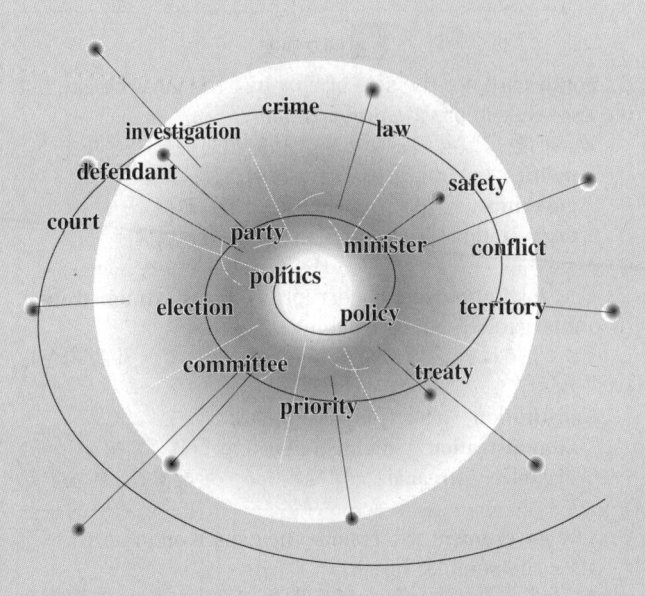

- crime
- investigation
- law
- defendant
- safety
- court
- party
- minister
- conflict
- politics
- election
- policy
- territory
- committee
- treaty
- priority

26

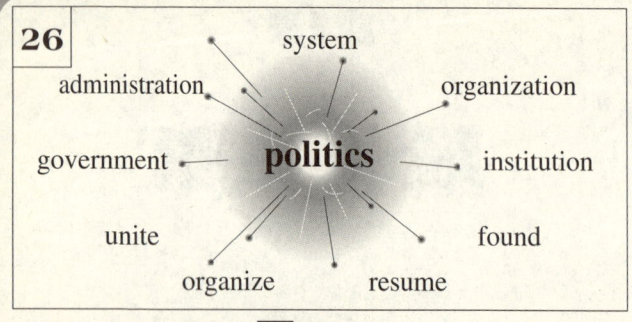

- system
- administration
- organization
- government
- **politics**
- institution
- unite
- found
- organize
- resume

例文観察

1. **Politics** are not the sole property of the **government**, but also exist in private **organizations**.
   政治活動は政府のみならず、私的な組織にも存在する。
   □ **politics** [pálətìks] 名 政治、政治活動、政治学
   □ **government** [gʌ́vərnmənt] 名 政府、政治
   □ **organization** [ɔ̀ːrgənəzéiʃən] 名 組織、機構

   ....

2. The **institution** found corruption in its **administration**, and **organized** an external investigation.
   その団体は経営陣に汚職が発覚したので、外部調査を手配した。
   □ **institution** [ìnstətjúːʃən] 名 機関、設立
   □ **administration** [ədmìnistréiʃən] 名 行政、経営
   □ **organize** [ɔ́ːrgənàiz] 動 組織する、手配する、整理する

   ....

3. The **government** will **resume** the debate on import tariffs after the summer break.
   政府は夏期休暇後に、輸入関税に関して討議を再開するようだ。

□ **resume** [riz(j)úːm] 動 再び始める

---

4. Our two **organizations** must **unite** if we are to survive the current economic crisis.
   目下の経済危機を切り抜けて生き残りを図るなら、当社の２つの組織は統合しなければだめだ。
   □ **unite** [junáit] 動 結合する、団結させる

---

5. The **organization** was **founded** as an NGO in 1996.
   その組織は1996年にＮＧＯとして設立された。
   □ **found** [fáund] 動 設立する、創立する

---

6. The **government's system** of **politics** depends on democratic voting by the public.
   政治制度は国民による民主的な投票にかかっている。
   □ **system** [sístəm] 名 体系、組織、制度

---

7. Welfare **institutions** throughout the country have **united** to face the problem of an aging society.
   国中の福祉団体は結束して高齢化社会の問題に立ち向かっている。

次のページで爆発する単語は⇨ **policy**

第２章 政治・法律

27

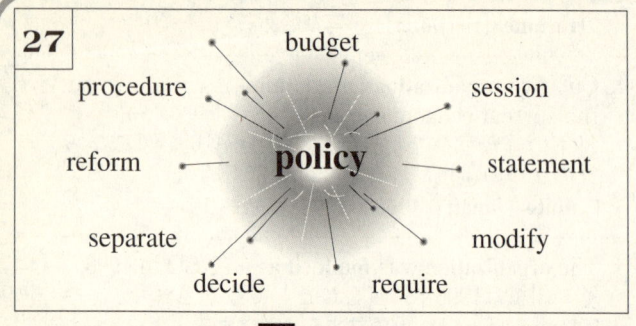

- budget
- procedure
- session
- reform
- **policy**
- statement
- separate
- modify
- decide
- require

🏠 例文観察

1. We must **decide** which reforms are **required** before we **modify** our **policies**.
   政策を変更する前に、どちらの改革が必要とされるか決めなければならない。
   □ **decide** [disáid] 動 決定する、決心する、解決する
   □ **require** [rikwáiər] 動 必要とする、要求する
   □ **modify** [mádəfài] 動 修正する、修飾する
   □ **policy** [páləsi] 名 政策、方針

---

2. The government issued a **statement** to announce the reshuffle of its cabinet.
   政府は声明を出して内閣改造を発表した。
   □ **statement** [stéitmənt] 名 声明、陳述

---

3. The current Diet **session** will concentrate on the fiscal **budget** for next year.
   今国会は来年度の財政予算に取り組むだろう。
   □ **session** [séʃən] 名 会期、学期、開会
   □ **budget** [bʌ́dʒət] 名 予算、経費

4. **Separating** the **budgets** for administration and operation purposes will not solve the problem.
予算を管理目的と営業目的に分けても、その問題の解決にはならない。
□ **separate** [sépərèit] 動 切り離す、分ける [sépərət] 形 分かれた、個々の

5. **Deciding policy procedures** will take up most of the time in today's **session**.
政策手順を決定するのに、今日の会議のほとんどがつぶれるだろう。
□ **procedure** [prəsíːdʒər] 名 手続き、手順

6. The **statement** indicated that **reforms** are **required** to **separate** inspection **procedures** from government control.
その陳述書は、調査手続きを政府の規制から切り離すには改革が必要だと指摘した。
□ **reform** [rifɔ́ːrm] 名 改革 動 改革する

7. Distribution **procedures** must be **modified** if we are to meet this year's **budget**.
今年の予算を守るには、配送手順を改善しなければならない。

次のページで爆発する単語は⇨ **minister**

28

officer · official · secretary · nominate · appoint · serve · mention · bureaucracy · mayor · officer

minister

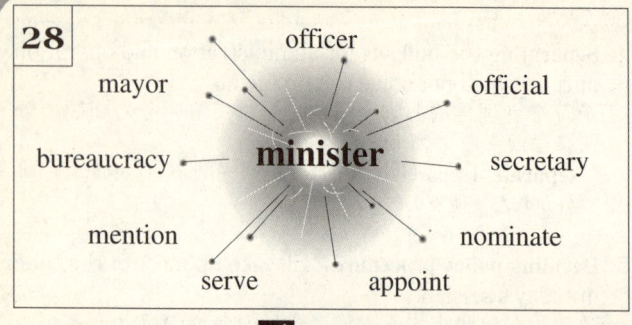

📖 例文観察

1. He was a cabinet **minister** before **serving** as **mayor**.
   彼は市長として務める前は閣僚だった。
   □ **minister** [mínəstər] 图 大使、公使
   □ **serve** [sə́ːrv] 動 給仕する、仕える
   □ **mayor** [méiər] 图 市長、(自治体の)長

---

2. The **bureaucracy** involved in obtaining government approval is both costly and time-consuming.
   政府の承認を得ることにかかわる官僚制度は、高くつくし時間もかかる。
   □ **bureaucracy** [bjuərákrəsi] 图 官僚、官僚制度、お役所主義

---

3. His **secretary mentioned** that he used to be an **official** at the local government level.
   彼の秘書は、彼がかつて地方自治体レベルの役人をしていたと述べた。
   □ **secretary** [sékrətèri] 图 秘書、大臣、長官
   □ **mention** [ménʃən] 動 言及する、〜のことを書く 图 言

及、陳述
□ **official** [əfíʃl] 名 公務員、職員　形 公式の

4. He was **appointed** to the position of chief **officer** for welfare subsidies.
彼は福祉助成金担当の最高責任者の地位に任命された。
□ **appoint** [əpɔ́int] 動 指名する、指定する
□ **officer** [ɑ́fəsər] 名 役人、幹部、将校

5. It was **mentioned** in the newspaper that the Prime Minister might **nominate** him as a **minister** in the new cabinet.
首相は彼を新内閣で大臣に指名するかもしれないと、新聞に出ていた。
□ **nominate** [nɑ́mənèit] 動 指名する、推薦する、任命する

6. Being **nominated** as an **official** for a huge **bureaucracy** is not as remarkable as it sounds.
巨大官僚政治の役人に指名されることは、思うほどすばらしいことではない。

7. She **served** as a **secretary** to the Minister of Foreign Affairs before being **appointed mayor** of the city.
彼女はそこの市長に任命される前は、外務大臣付きの秘書を務めていた。

次のページで爆発する単語は⇨ **party**

29

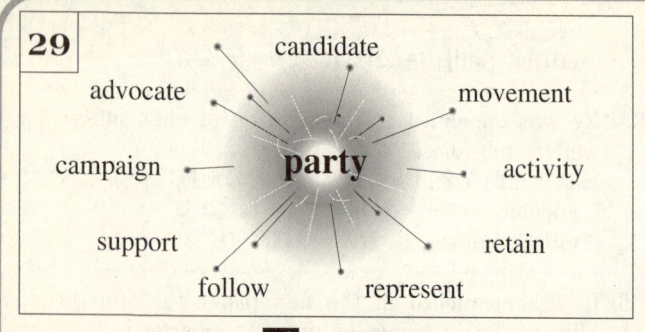

- candidate
- advocate
- movement
- campaign
- **party**
- activity
- support
- retain
- follow
- represent

例文観察

1. The public **support** his **party** because of his **activities** in environmental conservation.
   彼が環境保護活動をしているという理由で、国民は彼の政党を支持している。
   □ **support** [səpɔ́ːrt] 動 支える、養う 名 支持
   □ **party** [páːrti] 名 政党、一行、パーティー
   □ **activity** [æktívəti] 名 活動、活動性

2. He is an **advocate** of party reform and **supports** a referendum on nuclear power.
   彼は党改革の提唱者でもあり、原子力についての国民投票を支持している。
   □ **advocate** [ǽdvəkət] 名 主唱者、代弁者 [ǽdvəkèit] 動 主張する、弁護する

3. He failed to **retain** his position as a lawmaker owing to his **activities** in an animal rights **movement**.
   彼は動物の権利保護運動での活動が原因で、議員としての地位を失った。

- □ **retain** [ritéin] 動 保持する、保有する
- □ **movement** [múːvmənt] 名 運動、動作、態度

---

4. As a **candidate representing** the **Liberal Democratic Party**, his **campaign follows party** policies.
   自由民主党選出の候補者として、彼の選挙運動は党略に従っている。
   - □ **candidate** [kǽndidèit] 名 候補者、志願者
   - □ **represent** [rèprizént] 動 代表する、表す
   - □ **campaign** [kæmpéin] 名 運動、選挙運動 動 運動に参加する
   - □ **follow** [fálou] 動 従う、後について行く、～に続く

---

5. He **represents** a **movement** to abolish the death penalty.
   彼は死刑廃止運動の代表を務めている。

---

6. The **candidate** for the opposition party **retained** his seat in the Diet.
   その野党の候補者は、国会での議席を守った。

---

7. He is a **candidate** from a rural area, and his constituents will **follow** him anywhere.
   彼は農村地域出身の候補者で、有権者はどこででも彼を熱狂的に支持するだろう。

次のページで爆発する単語は⇨ **election**

第2章 政治・法律

30

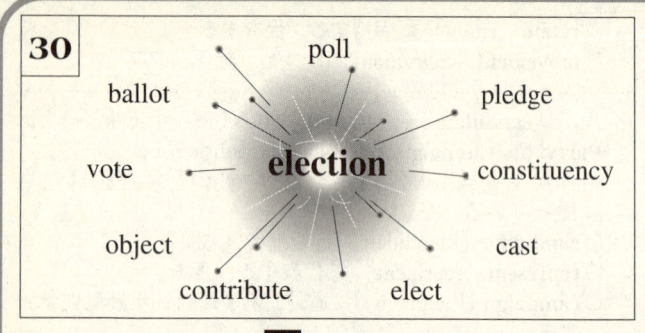

- poll
- ballot
- pledge
- vote
- **election**
- constituency
- object
- cast
- contribute
- elect

例文観察

1. The **election** will be held in November.
   その選挙は11月に行われる。
   □ **election** [ilékʃən] 图 選挙

2. The Prime Minister issued a **pledge** to cut carbon dioxide emissions in order to **contribute** to the Kyoto Protocol.
   首相は京都議定書に貢献するために、二酸化炭素の放出を削減すると公約した。
   □ **pledge** [plédʒ] 图 契約、担保 動 誓約する、約束する
   □ **contribute** [kəntríbjuːt] 動 貢献する、寄付する

3. Five candidates were **elected** on the **ballot**.
   5人の候補者がその投票で選ばれた。
   □ **elect** [ilékt] 動 選ぶ
   □ **ballot** [bælət] 图 無記名投票、無記名投票用紙、投票数

4. A **poll** was held to see how many people in the **constituency objected** to the construction of the dam.

その選挙区で何人の人がダム建設に反対したのか調べるために、世論調査が行われた。
- **poll** [póul] 名 選挙、投票(数)、世論調査
- **constituency** [kənstítʃuənsi] 名 選挙区、有権者
- **object** [əbdʒékt] 動 反対する、異議を唱える [ábdʒikt] 名 もの、対象、目的

---

5. The number of **votes cast** in the general **election** was lower than ever before.
   総選挙の投票数はこれまでになく少なかった。
   - **vote** [vóut] 名 投票、選挙権 動 投票する
   - **cast** [kæst] 動 投げる、投げかける 名 配役

---

6. The company organized a **ballot** to obtain employee opinions.
   その会社は従業員の意見を聞くために、投票を組織化した。

---

7. He is hoping to **contribute** to his **constituency** by advertising it as a tourist resort.
   彼は観光リゾートとして宣伝することで、自分の選挙区に貢献できればと思っている。

次のページで爆発する単語は ⇨ **committee**

31

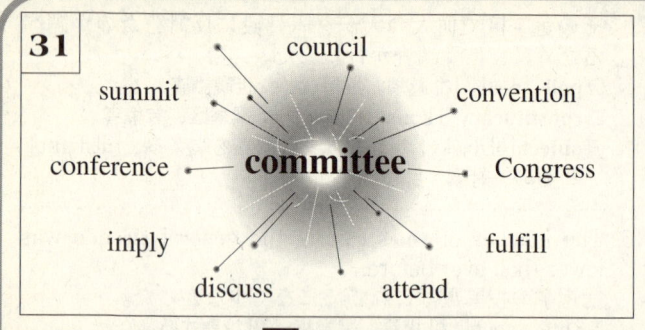

```
        council
summit              convention
conference  committee  Congress
    imply           fulfill
       discuss  attend
```

📖 例文観察

1. The **committee** set up an ad hoc **council** to investigate the allegations of fraud.
   委員会はその詐欺についての申し立てを捜査するために、特別審議会を設けた。
   □ **committee** [kəmíti] 名 委員会、(全)委員
   □ **council** [káunsl] 名 会議、地方議会

2. The **summit fulfilled** the main points of the agenda, but failed to reach an agreement on global warming.
   サミットは協議事項のうち主要項目は達成したが、地球温暖化に関する合意に達することはできなかった。
   □ **summit** [sʌ́mit] 名 頂上、頂点、首脳会議
   □ **fulfill** [fulfíl] 動 実行する、果たす、満たす

3. The medical insurance bill was **discussed** in **Congress**.
   その医療保険法案は国会で議論された。
   □ **discuss** [diskʌ́s] 動 話し合う、討論する
   □ **Congress** [káŋgrəs] 名 国会、議会

4. He **attended** a **conference** on nanotechnology in Los Angeles.
   彼はロサンゼルスでナノテクノロジーに関する会議に出席した。
   □ **attend** [əténd] 動 出席する、付き添う、世話する
   □ **conference** [kánfərəns] 名 会議、協議

5. The **convention** is held every year to promote fire safety.
   その大会は火災防止を促進するために毎年開かれる。
   □ **convention** [kənvénʃən] 名 代表者会議、集会、しきたり

6. The **committee implied** that the **summit** would be cancelled owing to security fears.
   その委員会は、サミットが警備不安のために中止されるだろうと示唆した。
   □ **imply** [implái] 動 ほのめかす、暗に意味する

7. The **conference** on future policy was **attended** by the managers of all overseas branches.
   将来の方針を決めるその会議には、全海外支店のマネージャーが出席した。

次のページで爆発する単語は⇨ *priority*

32

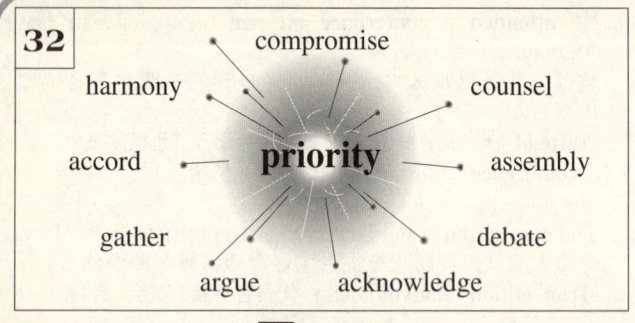

```
         compromise
harmony              counsel
accord    priority   assembly
gather               debate
    argue   acknowledge
```

🏠 例文観察

1. Our immediate **priority** must be to maintain **harmony** within the ranks.
   われわれの目下の最優先事項は、集団内の調和を保つことにほかならない。
   - **priority** [praiɔ́(:)rəti] 名 優先事項、優先権、より上位であること
   - **harmony** [há:rməni] 名 調和、一致

2. The judge **acknowledged** the **counsel** for the defense.
   裁判官は被告側弁護団を承認した。
   - **acknowledge** [əknálidʒ] 動 認める、承認する
   - **counsel** [káunsl] 名 弁護団、法廷弁護人、相談

3. The board members **gathered** in **assembly** to **debate** the proposed **compromise**.
   その委員会のメンバーは、提案された妥協案を討議するために会合に集まった。
   - **gather** [gǽðər] 動 集まる、集める
   - **assembly** [əsémbli] 名 集会、会合

□ **debate** [dibéit] 動 討論する、論争する　名 議論、論争
□ **compromise** [kámprəmàiz] 名 妥協、妥協案

---

4. They **argued** past midnight until they finally reached an appropriate **accord**.
   彼らは夜半過ぎまで議論して、やっと適切な合意に達した。
   □ **argue** [áːrgjuː] 動 議論する、主張する
   □ **accord** [əkɔ́ːrd] 名 一致、調和　動 一致する、調和する

---

5. My **counsel** has advised me to plead not guilty.
   私の顧問弁護士は無罪を申し立てるよう私に忠告した。

6. The company offered a **compromise**, but the union **argued** that it was not sufficient.
   会社は妥協案を提示したが、労働組合はそれでは不十分だと主張した。

---

7. He **acknowledged** the existence of embezzlement, but refused to **debate** the issue further.
   彼は横領があったことは認めたが、その問題をそれ以上審議するのを拒否した。

次のページで爆発する単語は⇨　**treaty**

第2章 政治・法律

33

- delegate
- agenda
- ambassador
- agreement
- **treaty**
- embassy
- oppose
- mediate
- agree
- reconcile

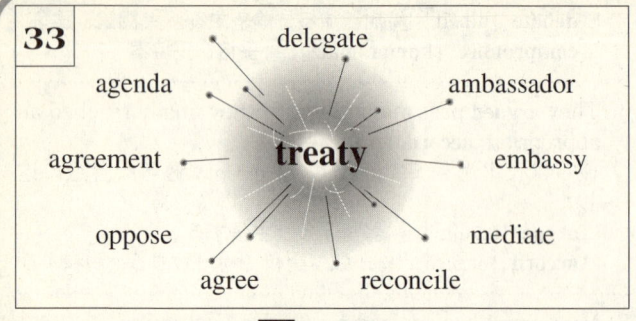

例文観察

1. The **delegates** for South East Asia **opposed** the **treaty**.
   東南アジアの代表はその条約に反対した。
   - **delegate** [déligət] 名 代表、使節　[déligèit] 動 代表として派遣する
   - **oppose** [əpóuz] 動 対抗する、反対する
   - **treaty** [trí:ti] 名 条約、協定

2. The **ambassador** left the **embassy** for the Prime Minister's residence at three o'clock.
   大使は3時に総理大臣官邸に向かって大使館を出た。
   - **ambassador** [æmbǽsədər] 名 大使、使節
   - **embassy** [émbəsi] 名 大使館、大使館員

3. They **agreed** to the **agenda**, but nobody expects the **delegates** to **reconcile** their dispute.
   彼らはその協議事項に同意したが、派遣団員がその紛争を調停するとは誰も期待していない。
   - **agree** [əgrí:] 動 同意する、意見が一致する
   - **agenda** [ədʒéndə] 名 協議事項、議事、予定表

□ **reconcile** [rékənsàil] 動 和解させる、調和させる

---

4. The US government **mediated** a peace **treaty** between the two countries.
   アメリカ政府はその2国間の平和条約を仲裁成立させた。
   □ **mediate** [míːdièit] 動 調停する、仲介する

---

5. The **ambassador** was the **delegate** for his country, but he failed to **reconcile** an **agreement**.
   その大使は国にとっての代表だったが、協定をまとめることができなかった。
   □ **agreement** [əgríːmənt] 名 協定、調和

---

6. I **oppose** the **agreement** on trade liberalization on principle.
   私は主義として貿易自由化に関する協定に反対だ。

---

7. The **embassy** demanded that a detailed **agenda** be supplied before they would **agree** to the meeting.
   使節団はその会議に同意する前に、詳細な議事日程の提示を要求した。

次のページで爆発する単語は⇨ **territory**

第2章 政治・法律

34

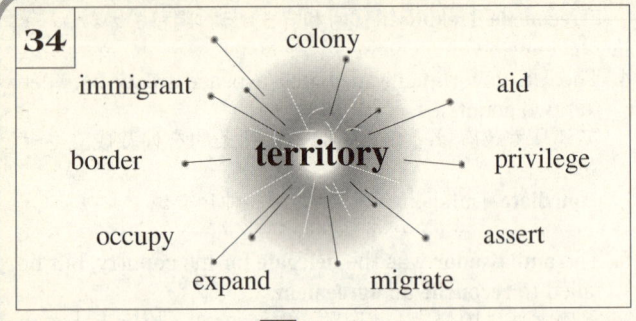

- colony
- immigrant
- aid
- border
- **territory**
- privilege
- occupy
- assert
- expand
- migrate

例文観察

1. The issue over **territory** claims has **expanded** into a major crisis.
   領土請求をめぐる問題は、重大局面へと発展してきている。
   □ **territory** [térətɔ̀:ri] 图 領土、領域、地域
   □ **expand** [ikspǽnd] 動 発展させる、広げる、広がる

2. The number of **immigrants** crossing the **border** illegally has doubled in the past two years.
   不法に国境を越えてくる移民の数は、過去2年間で倍になった。
   □ **immigrant** [ímigrənt] 图 移民、移住者
   □ **border** [bɔ́:rdər] 图 境界線、国境、へり

3. **Asserting** his authority, the delegate from the United Nations demanded better **privileges**.
   権力を行使しながら、その国連の代表はさらなる特典を要求した。
   □ **assert** [əsə́:rt] 動 (権力などを)行使する、主張する、断

言する
□ **privilege** [prívəlidʒ] 名 特権、特典

---

4. More and more young people are **migrating** from rural areas into the cities these days.
最近ますます多くの若者が、農村地帯から都会へと移住している。
□ **migrate** [máigreit] 動 移住する、移動する

---

5. The troops crossed the **border** and **occupied** the country, and then set up a **colony** for refugees.
軍隊は国境を越えてその国を占領した後、難民のために居留地を設けた。
□ **occupy** [ákjəpài] 動 占拠する、占有する、従事する
□ **colony** [káləni] 名 植民地、居留地、植民

---

6. Only twenty percent of the financial **aid** given to that country finds its way to the needy.
あの国に与えられる財政援助のうち、たった20パーセントしか貧しい人たちへは届かない。
□ **aid** [éid] 名 救いの手、援助 動 助ける、手伝う

---

7. Security has been **expanded** along the **border** to prevent **immigrants** from entering the **territory**.
移民が領土へ入ってくるのを防ぐために、警備が国境に沿って広く敷かれている。

次のページで爆発する単語は⇨ **conflict**

35

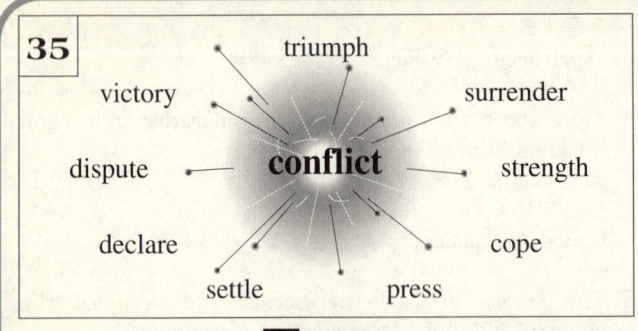

- triumph
- victory
- surrender
- dispute
- **conflict**
- strength
- declare
- cope
- settle
- press

例文観察

1. The **conflict** made it difficult for the government to **cope** with food distribution.
   その対立で、政府が食糧の分配をうまく処理するのが困難になった。
   □ **conflict** [kánflikt] 名 衝突、対立、闘争
   □ **cope** [kóup] 動 うまく処理する、(対等に)争う

---

2. They **settled** the **dispute** before war was **declared**.
   彼らは戦線が布告される前にその紛争を解決した。
   □ **settle** [sétl] 動 決着をつける、落ち着かせる、定住する
   □ **dispute** [dispjúːt] 名 議論、紛争 動 議論する、反論する
   □ **declare** [dikléər] 動 宣言する、布告する、断言する

---

3. The **strength** of the troops allowed them to **press** forward and claim **victory**.
   その軍隊の戦力は、彼らが進軍し勝利を収めることを可能にした。
   □ **strength** [stréŋkθ] 名 力、強度
   □ **press** [prés] 動 押す、強く求める 名 押すこと、新聞

□ **victory** [víktəri] 名 勝利、征服

---

4. The government **declared victory** after the **surrender** of the rebels.
   政府は反乱軍兵士の降伏後に、勝利を宣言した。
   □ **surrender** [səréndər] 名 降伏、引き渡し　動 降伏する、放棄する、引き渡す

---

5. The **triumph** they scored over the opposition gave them more strength in the Diet.
   彼らは野党を制して勝利したことにより、国会でさらなる力を得た。
   □ **triumph** [tráiəmf] 名 勝利、勝ち誇ること　動 勝利を得る

---

6. The **surrender** of the terrorists put an end to the insane **conflict**.
   テロリストたちの身柄の引き渡しで、その狂気の紛争に終止符が打たれた。

---

7. The union **declared** that the **dispute** had been **settled**, and the news media **pressed** for more information.
   労働組合が争議は解決したと宣言したので、報道機関はさらなる情報を求めた。

次のページで爆発する単語は⇨ safety

36

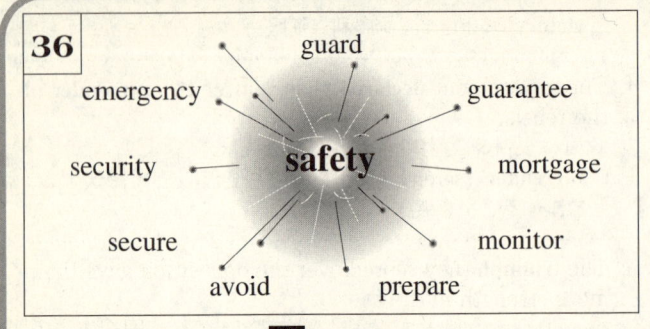

- guard
- emergency
- guarantee
- security
- **safety**
- mortgage
- secure
- monitor
- avoid
- prepare

🏠 例文観察

1. The **guards** are **prepared** for all **emergencies** to ensure the **safety** of the public.
   公共の安全を確保するために、あらゆる緊急事態に備えて警備員が配置されている。
   - □ **guard** [gáːrd] 名 護衛者、番人、見張り 動 守る、用心する
   - □ **prepare** [pripéər] 動 準備する、用意する、覚悟をする
   - □ **emergency** [imə́ːrdʒənsi] 名 非常の場合、緊急事態
   - □ **safety** [séifti] 名 安全、無事

2. The area is **secured** by a team of **guards** who **monitor** suspicious activities.
   その地域は、不審な行動を監視する警備員グループによって守られている。
   - □ **secure** [sikjúər] 動 守る、確保する 形 安全な、確保された
   - □ **monitor** [mánətər] 動 チェックする、監視する 名 監視装置、モニター、学級委員

3. The **security** of the building is sophisticated, but there is no **guarantee** that minor problems will not arise.
そのビルの警備は先端技術を駆使したものだが、ささいな問題が起こらないという保証はない。
□ **guarantee** [gæràntí:] 名 保証(書)、保証人　動 保証する

---

4. He took out a second **mortgage** on his house to **avoid** paying higher interest rates on a bank loan.
彼は銀行ローンにさらに高い金利を払うのを避けるために自宅に二番抵当を設定した。
□ **mortgage** [mɔ́ːrɡidʒ] 名 抵当(権)　動 抵当に入れる
□ **avoid** [əvɔ́id] 動 避ける

---

5. The **security** of the facility is **monitored** from a central control room.
その施設の安全は、中央制御室から監視されている。
□ **security** [sikjúərəti] 名 安全、防護、警備

---

6. He **prepared** all of the required documents and **secured** his **mortgage** without mishap.
彼はすべての必要書類を整えて、無事に抵当権を設定した。

---

7. This door is sealed in an **emergency** to prevent the spread of fire.
この扉は延焼を防ぐために、緊急時には閉じられる。

次のページで爆発する単語は⇨　**law**

37

- rule
- legislation
- breach
- regulation
- **law**
- punishment
- oblige
- violate
- obey
- pretend

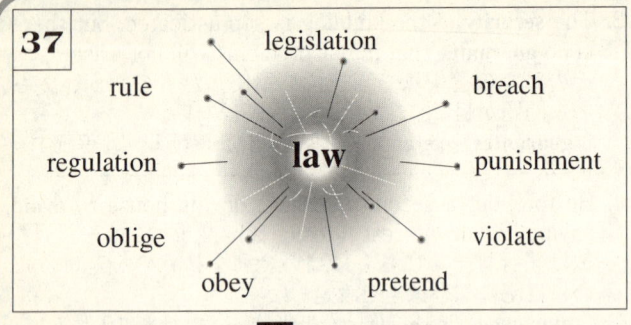

例文観察

1. We are **obliged** by **law** to pay taxes on all income.
   われわれは法律によって、すべての収入に対して税金を納めることを義務づけられている。
   □ **law** [lɔ́ː] 名 法、法律、法則
   □ **oblige** [əbláidʒ] 動 義務づける、余儀なく～させる

2. He was fired as a **punishment** for **violating** the **rules**.
   彼は規則に違反したため懲戒解雇となった。
   □ **punishment** [pʌ́niʃmənt] 名 罰すること、罰
   □ **violate** [váiəlèit] 動 違反する、(約束などを)破る
   □ **rule** [rúːl] 名 規則、習慣、支配

3. She **pretends** to understand the new **legislation**, but I don't think she does.
   彼女はその新法を理解しているふりをしているが、実は理解していないと思う。
   □ **pretend** [priténd] 動 ～のふりをする、見せかける
   □ **legislation** [lèdʒisléiʃən] 名 立法、法律

4. He was found in **breach** of **regulations** and fined twenty thousand yen.
   彼は規則違反が見つかり、2万円の罰金を科せられた。
   □ **breach** [bríːtʃ] 图 違反、不履行
   □ **regulation** [règjəléiʃən] 图 規則、規制

---

5. You have to **obey** the **rules** if you want to go far in this company.
   この会社で出世したければ、君は規則に従わなければいけない。
   □ **obey** [oubéi] 動 従う、(規則などを)守る

---

6. The **punishment** for failing to **obey** traffic **laws** is a fine.
   交通法を守らないことに対する刑罰は罰金だ。

---

7. The new **legislation obliges** all manufacturers to take responsibility for recycling their products.
   その新法は、すべてのメーカーが自社製品のリサイクルに対して責任を取ることを義務づけている。

次のページで爆発する単語は➪ **crime**

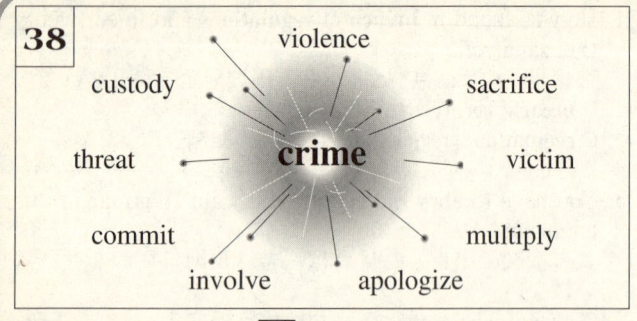

38

- violence
- custody
- sacrifice
- threat
- **crime**
- victim
- commit
- multiply
- involve
- apologize

🏠 例文観察

1. The **threat** of **crime** on the streets has **multiplied** in the past few years.
   路上犯罪の脅威は過去2、3年間に大幅に増えている。
   □ **threat** [θrét] 图 脅迫、脅かすもの
   □ **crime** [kráim] 图 罪、犯罪、罪悪
   □ **multiply** [mʌ́ltəplài] 動 増える、増やす、(数を)掛ける

2. He was taken into **custody** for immediate questioning.
   彼は即時尋問のために拘留された。
   □ **custody** [kʌ́stədi] 图 監禁、拘置、保護監督

3. The **victim** has demanded that the perpetrator **apologize** publicly.
   その被害者は犯人が公に謝罪することを要求している。
   □ **victim** [víktim] 图 被害者、犠牲者、いけにえ
   □ **apologize** [əpálədʒàiz] 動 わびる、あやまる

4. He became **involved** in a street gang, and his freedom was the **sacrifice**.

ストリートギャングと関わり合いになったために、彼の自由は犠牲になった。
- **involve** [inválv] 動 巻き込む、関係する、参加する
- **sacrifice** [sǽkrəfàis] 名 犠牲、いけにえ 動 犠牲にする、いけにえとして捧げる

---

5. The gunman put his **victim** under **threat** of **violence**.
   その武装犯人は被害者を暴力の脅威にさらした。
   - **violence** [váiələns] 名 暴力、激しさ

---

6. He **committed** the **crime** only three weeks after being released from prison.
   彼は刑務所から釈放されてたった3週間後にその犯罪を犯した。
   - **commit** [kəmít] 動 (罪などを)犯す、託す

---

7. The people who pay the biggest **sacrifice** for **crime** are the **victims**.
   犯罪に対して最も大きな犠牲を払うのは被害者だ。

次のページで爆発する単語は⇨investigation

39

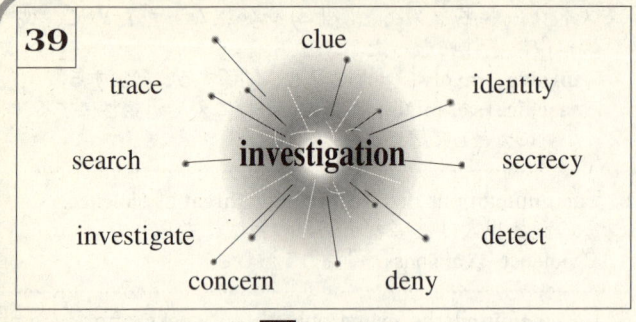

```
                    clue
     trace                    identity
   search    investigation    secrecy
    investigate               detect
          concern      deny
```

🏠 例文観察

1. The **investigation** provided some new **clues** to the **identity** of the murderer.
   その捜査で殺人者の身元を割り出すいくつかの新たな手がかりが得られた。
   □ **investigation** [invèstəgéiʃən] 名 調査、取調べ
   □ **clue** [klú:] 名 手がかり、ヒント、糸口
   □ **identity** [aidéntəti] 名 本人であること、身元、個性

---

2. The company is currently **concerned** over the **identity** of the blackmailer.
   その会社は目下その恐喝犯の正体に関心を持っている。
   □ **concern** [kənsə́:ɾn] 動 関心がある、関係している、気にかける

---

3. The media are trying to break through the **secrecy** that surrounds the **investigation**.
   マスコミはその捜査の周辺をおおっている秘密主義を突き破ろうとしている。
   □ **secrecy** [sí:krəsi] 名 秘密であること、秘密を守ること

4. He **denied** any involvement even after the **search** implicated him.
   彼はその調査で関与が明らかにされた後でさえ、関わり合いを全面否定した。
   □ **deny** [dinái] 動 否定する、拒否する
   □ **search** [sə́ːrtʃ] 名 捜索、調査　動 捜す、求める

5. They are **investigating** the motives behind the robbery.
   彼らはその強盗事件の背後にある動機を調べている。
   □ **investigate** [invéstəgèit] 動 調べる、調査する

6. A **trace** of blood was **detected** in the bathroom, but further clues have yet to be found.
   浴室で血痕が検出されたが、それ以上の手がかりはまだ見つかっていない。
   □ **trace** [tréis] 名 跡、痕跡　動 捜し出す、調べる
   □ **detect** [ditékt] 動 見つける、気づく

7. **Clues** found at the scene of the crime have the police **concerned** over the safety of the victim.
   犯行現場で見つかった手がかりから、警察は被害者の身の安全を懸念せざるをえなくなっている。

次のページで爆発する単語は⇨ **defendant**

40

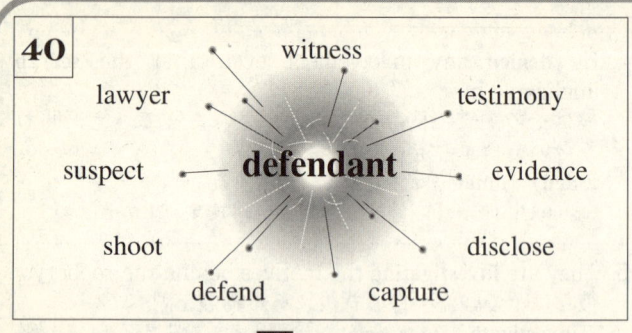

- witness
- lawyer
- testimony
- suspect
- **defendant**
- evidence
- shoot
- disclose
- defend
- capture

🏠 例文観察

1. The **defendant** was **captured** while destroying **evidence**.
   その被告は証拠を隠滅しているところを逮捕された。
   - **defendant** [diféndənt] 名 被告(人)
   - **capture** [kǽptʃər] 動 捕える、逮捕する
   - **evidence** [évidns] 名 証拠、印

2. The **witness** gave **testimony** before the court.
   その証人は裁判官の前で証言した。
   - **witness** [wítnəs] 名 証人、目撃者、証拠
   - **testimony** [téstəmòuni] 名 証拠、証言

3. The **lawyer** claimed that the **defendant** was trying to **defend** himself when he fired the gun.
   その弁護士は、被告は銃を発射したとき自己防衛しようとしていたのだ、と主張した。
   - **lawyer** [lɔ́ːjər] 名 弁護士
   - **defend** [difénd] 動 防御する、守る

4. He is a **suspect** in a murder case in which three

bystanders were **shot.**
彼は居合わせた3人が撃たれた殺人事件の容疑者だ。
- **suspect** [sʌ́spekt] 名 容疑者　[səspékt] 動 怪しいと思う、嫌疑をかける、疑う
- **shoot** [ʃúːt] 動 撃つ、発射する

---

5. The **evidence disclosed** by the **lawyer** proved that the **defendant** was innocent.
その弁護士によって公開された証拠物件から、被告は無罪であることが立証された。
- **disclose** [disklóuz] 動 発表する、明らかにする、あばく

---

6. A **suspect** has been arrested by the police for **shooting** a gun in public.
人前で銃を撃ったかどで、容疑者が警察に逮捕された。

---

7. The report **disclosed** that the chief **witness** had been bribed.
報告書で、その重要証人が買収されていたことが暴露された。

次のページで爆発する単語は⇨　**court**

41

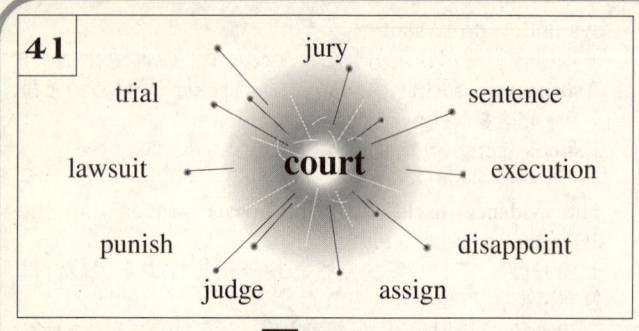

- trial
- jury
- sentence
- lawsuit
- **court**
- execution
- punish
- disappoint
- judge
- assign

例文観察

1. The **jury** that was **assigned** to the **trial** was led into the **court**.
   その裁判に選任された陪審員団が法廷の中へ導かれていった。
   - □ **jury** [dʒúəri] 名 陪審、陪審員団、審査員団
   - □ **assign** [əsáin] 動 任命する、指定する、割当てる
   - □ **trial** [tráiəl] 名 裁判、試み、試練
   - □ **court** [kɔ́ːrt] 名 法廷、裁判所、宮廷

2. It was **judged** that the defendant would receive a six-year prison **sentence**.
   その被告には懲役6年の刑が言い渡された。
   - □ **judge** [dʒʌ́dʒ] 動 裁判する、判断する、審査をする　名 裁判官、審判
   - □ **sentence** [séntəns] 名 判決、(刑の)宣告、文

3. To **punish** a crime with an **execution** is banned in many countries of the world.
   死刑をもって罪を罰することは、世界の多くの国で禁

じられている。
- □ **punish** [pʌ́niʃ] 動 罰する
- □ **execution** [èksəkjúːʃən] 名 死刑執行、処刑、実行

---

4. The family of the victim were **disappointed** when the chief **judge** pronounced a modest **sentence**.
   その犠牲者の家族は、裁判長があまり重くない刑を申し渡したときがっかりした。
   - □ **disappoint** [dìsəpɔ́int] 動 失望させる、がっかりさせる

---

5. She initiated a **lawsuit** to **punish** the magazine for libeling her.
   彼女は中傷されたとしてその雑誌社を処罰するよう訴訟を起こした。
   - □ **lawsuit** [lɔ́ːsùːt] 名 訴訟

---

6. The **trial** was **assigned** a **judge** and a **jury**, and will commence in early May.
   その裁判は判事と陪審員が配属されたので、5月初旬に始まるだろう。

---

7. The company was **disappointed** at the outcome of the sexual harassment **lawsuit**.
   その会社はセクシャルハラスメント訴訟の結果に失望した。

128ページで爆発する単語は⇨ **principle**

Review Quiz

第2章

1 政治活動は政府のみならず、私的な組織にも存在する。
(P   ) are not the sole property of the (g   ), but also exist in private (o   ).

P.82 〜 P.83

2 その団体は経営陣に汚職が発覚したので、外部調査を手配した。
The (i   ) found corruption in its (a   ), and (o   ) an external investigation.

3 政府は夏期休暇後に、輸入関税に関して討議を再開するようだ。
The (g   ) will (r   ) the debate on import tariffs after the summer break.

4 目下の経済危機を切り抜けて生き残りを図るなら、当社の2つの組織は統合しなければだめだ。
Our two (o   ) must (u   ) if we are to survive the current economic crisis.

5 その組織は1996年にNGOとして設立された。
The (o   ) was (f   ) as an NGO in 1996.

6 政治制度は国民による民主的な投票にかかっている。
The (g   ) (s   ) of (p   ) depends on democratic voting by the public.

7 国中の福祉団体は結束して高齢化社会の問題に立ち向かっている。
Welfare (i   ) throughout the country have (u   ) to face the problem of an aging society.

8 政策を変更する前に、どちらの改革が必要とされるか決めなければならない。
We must (d   ) which reforms are (r   ) before we (m   ) our (p   ).

P.84 〜 P.85

9 政府は声明を出して内閣改造を発表した。
The government issued a (s   ) to announce the reshuffle of its cabinet.

10 今国会は来年度の財政予算に取り組むだろう。
The current Diet (s   ) will concentrate on the fiscal (b   ) for next year.

11 予算を管理目的と営業目的に分けても、その問題の解決にはならない。
(S   ) the (b   ) for administration and operation purposes will not solve the problem.

12 政策手順を決定するのに、今日の会議のほとんどがつぶれるだろう。
(D   ) (p   ) (p   ) will take up most of the time in today's (s   ).

13 その陳述書は、調査手続きを政府の規制から切り離すには改革が必要だと指摘した。
The (s   ) indicated that (r   ) are (r   ) to (s   ) inspection (p   ) from government control.

14 今年の予算を守るには、配送手順を改善しなければならない。
Distribution (p   ) must be (m   ) if we are to meet this year's (b   ).

15 彼は市長として務める前は閣僚だった。
He was a cabinet (m   ) before (s   ) as (m   ).

16 政府の承認を得ることにかかわる官僚制度は、高くつくし時間もかかる。
The (b   ) involved in obtaining government approval is both costly and time-consuming.

17 彼の秘書は、彼がかつて地方自治体レベルの役人をしていたと述べた。

P.86 〜 P.87

His (s　　) (m　　　) that he used to be an (o　　　) at the local government level.

18 彼は福祉助成金担当の最高責任者の地位に任命された。
He was (a　　) to the position of chief (o　　　) for welfare subsidies.

19 首相は彼を新内閣で大臣に指名するかもしれないと、新聞に出ていた。
It was (m　　) in the newspaper that the Prime Minister might (n　　) him as a (m　　) in the new cabinet.

20 巨大官僚政治の役人に指名されることは、思うほどすばらしいことではない。
Being (n　　) as an (o　　) for a huge (b　　) is not as remarkable as it sounds.

21 彼女はそこの市長に任命される前は、外務大臣付きの秘書を務めていた。
She (s　　) as a (s　　) to the Minister of Foreign Affairs before being (a　　) (m　　) of the city.

22 彼が環境保護活動をしているという理由で、国民は彼の政党を支持している。
The public (s　　) his (p　　) because of his (a　　) in environmental conservation.

P.88 〜 P.89

23 彼は党改革の提唱者でもあり、原子力についての国民投票を支持している。
He is an (a　　) of party reform and (s　　) a referendum on nuclear power.

24 彼は動物の権利保護運動での活動が原因で、議員としての地位を失った。
He failed to (r　　) his position as a lawmaker owing to his (a　　) in an animal rights (m　　).

25 自由民主党選出の候補者として、彼の選挙運動は党略に従

っている。
As a (c　　) (r　　) the Liberal Democratic (P　　), his (c　　) (f　　) (p　　) policies.

26 彼は死刑廃止運動の代表を務めている。
He (r　　) a (m　　) to abolish the death penalty.

27 その野党の候補者は、国会での議席を守った。
The (c　　) for the opposition party (r　　) his seat in the Diet.

28 彼は農村地域出身の候補者で、有権者はどこででも彼を熱狂的に支持するだろう。
He is a (c　　) from a rural area, and his constituents will (f　　) him anywhere.

29 その選挙は11月に行われる。
The (e　　) will be held in November.

30 首相は京都議定書に貢献するために、二酸化炭素の放出を削減すると公約した。
The Prime Minister issued a (p　　) to cut carbon dioxide emissions in order to (c　　) to the Kyoto Protocol.

31 5人の候補者がその投票で選ばれた。
Five candidates were (e　　) on the (b　　).

32 その選挙区で何人の人がダム建設に反対したのか調べるために、世論調査が行われた。
A (p　　) was held to see how many people in the (c　　) (o　　) to the construction of the dam.

33 総選挙の投票数はこれまでになく少なかった。
The number of (v　　) (c　　) in the general (e　　) was lower than ever before.

34 その会社は従業員の意見を聞くために、投票を組織化した。

The company organized a (b   ) to obtain employee opinions.

35 彼は観光リゾートとして宣伝することで、自分の選挙区に貢献できればと思っている。
He is hoping to (c   ) to his (c   ) by advertising it as a tourist resort.

36 委員会はその詐欺についての申し立てを捜査するために、特別審議会を設けた。
The (c   ) set up an ad hoc (c   ) to investigate the allegations of fraud.

37 サミットは協議事項のうち主要項目は達成したが、地球温暖化に関する合意に達することはできなかった。
The (s   ) (f   ) the main points of the agenda, but failed to reach an agreement on global warming.

38 その医療保険法案は国会で議論された。
The medical insurance bill was (d   ) in (C   ).

39 彼はロサンゼルスでナノテクノロジーに関する会議に出席した。
He (a   ) a (c   ) on nanotechnology in Los Angeles.

40 その大会は火災防止を促進するために毎年開かれる。
The (c   ) is held every year to promote fire safety.

41 その委員会は、サミットが警備不安のために中止されるだろうと示唆した。
The (c   ) (i   ) that the (s   ) would be cancelled owing to security fears.

42 将来の方針を決めるその会議には、全海外支店のマネージャーが出席した。
The (c   ) on future policy was (a   ) by the managers of all overseas branches.

43 われわれの目下の最優先事項は、集団内の調和を保つこと

にほかならない。
Our immediate (p   ) must be to maintain (h   ) within the ranks.

44 裁判官は被告側弁護団を承認した。
The judge (a   ) the (c   ) for the defense.

45 その委員会のメンバーは、提案された妥協案を討議するために会合に集まった。
The board members (g   ) in (a   ) to (d   ) the proposed (c   ).

46 彼らは夜半過ぎまで議論して、やっと適切な合意に達した。
They (a   ) past midnight until they finally reached an appropriate (a   ).

47 私の顧問弁護士は無罪を申し立てるよう私に忠告した。
My (c   ) has advised me to plead not guilty.

48 会社は妥協案を提示したが、労働組合はそれでは不十分だと主張した。
The company offered a (c   ), but the union (a   ) that it was not sufficient.

49 彼は横領があったことは認めたが、その問題をそれ以上審議するのを拒否した。
He (a   ) the existence of embezzlement, but refused to (d   ) the issue further.

50 東南アジアの代表はその条約に反対した。
The (d   ) for South East Asia (o   ) the (t   ).

51 大使は3時に総理大臣官邸に向かって大使館を出た。
The (a   ) left the (e   ) for the Prime Minister's residence at three o'clock.

52 彼らはその協議事項に同意したが、派遣団員がその紛争を調停するとは誰も期待していない。

They (a　　) to the (a　　), but nobody expects the (d　　) to (r　　) their dispute.

53 アメリカ政府はその２国間の平和条約を仲裁成立させた。
The US government (m　　) a peace (t　　) between the two countries.

54 その大使は国にとっての代表だったが、協定をまとめることができなかった。
The (a　　) was the (d　　) for his country, but he failed to (r　　) an (a　　).

55 私は主義として貿易自由化に関する協定に反対だ。
I (o　　) the (a　　) on trade liberalization on principle.

56 使節団はその会議に同意する前に、詳細な議事日程の提示を要求した。
The (e　　) demanded that a detailed (a　　) be supplied before they would (a　　) to the meeting.

57 領土請求をめぐる問題は、重大局面へと発展してきている。
The issue over (t　　) claims has (e　　) into a major crisis.

58 不法に国境を越えてくる移民の数は、過去２年間で倍になった。
The number of (i　　) crossing the (b　　) illegally has doubled in the past two years.

59 権力を行使しながら、その国連の代表はさらなる特典を要求した。
(A　　) his authority, the delegate from the United Nations demanded better (p　　).

60 最近ますます多くの若者が、農村地帯から都会へと移住している。
More and more young people are (m　　) from rural

areas into the cities these days.

61 軍隊は国境を越えてその国を占領した後、難民のために居留地を設けた。
The troops crossed the (b   ) and (o   ) the country, and then set up a (c   ) for refugees.

62 あの国に与えられる財政援助のうち、たった20パーセントしか貧しい人たちへは届かない。
Only twenty percent of the financial (a   ) given to that country finds its way to the needy.

63 移民が領土へ入ってくるのを防ぐために、警備が国境に沿って広く敷かれている。
Security has been (e   ) along the (b   ) to prevent (i   ) from entering the (t   ).

64 その対立で、政府が食糧の分配をうまく処理するのが困難になった。
The (c   ) made it difficult for the government to (c   ) with food distribution.

65 彼らは戦線が布告される前にその紛争を解決した。
They (s   ) the (d   ) before war was (d   ).

66 その軍隊の戦力は、彼らが進軍し勝利を収めることを可能にした。
The (s   ) of the troops allowed them to (p   ) forward and claim (v   ).

67 政府は反乱軍兵士の降伏後に、勝利を宣言した。
The government (d   )(v   ) after the (s   ) of the rebels.

68 彼らは野党を制して勝利したことにより、国会でさらなる力を得た。
The (t   ) they scored over the opposition gave them more strength in the Diet.

P.100 〜 P.101

第2章 政治・法律

69 テロリストたちの身柄の引き渡しで、その狂気の紛争に終止符が打たれた。
The (s   ) of the terrorists put an end to the insane (c   ).

70 労働組合が争議は解決したと宣言したので、報道機関はさらなる情報を求めた。
The union (d   ) that the (d   ) had been (s   ), and the news media (p   ) for more information.

71 公共の安全を確保するために、あらゆる緊急事態に備えて警備員が配置されている。
The (g   ) are (p   ) for all (e   ) to ensure the (s   ) of the public.

72 その地域は、不審な行動を監視する警備員グループによって守られている。
The area is (s   ) by a team of (g   ) who (m   ) suspicious activities.

73 そのビルの警備は先端技術を駆使したものだが、ささいな問題が起こらないという保証はない。
The (s   ) of the building is sophisticated, but there is no (g   ) that minor problems will not arise.

74 彼は銀行ローンにさらに高い金利を払うのを避けるために自宅に二番抵当を設定した。
He took out a second (m   ) on his house to (a   ) paying higher interest rates on a bank loan.

75 その施設の安全は、中央制御室から監視されている。
The (s   ) of the facility is (m   ) from a central control room.

76 彼はすべての必要書類を整えて、無事に抵当権を設定した。
He (p   ) all of the required documents and (s   ) his (m   ) without mishap.

77 この扉は延焼を防ぐために、緊急時には閉じられる。
This door is sealed in an (e　　) to prevent the spread of fire.

78 われわれは法律によって、すべての収入に対して税金を納めることを義務づけられている。
We are (o　　) by (l　　) to pay taxes on all income.

79 彼は規則に違反したため懲戒解雇となった。
He was fired as a (p　　) for (v　　) the (r　　).

80 彼女はその新法を理解しているふりをしているが、実は理解していないと思う。
She (p　　) to understand the new (l　　), but I don't think she does.

81 彼は規則違反が見つかり、2万円の罰金を科せられた。
He was found in (b　　) of (r　　) and fined twenty thousand yen.

82 この会社で出世したければ、君は規則に従わなければいけない。
You have to (o　　) the (r　　) if you want to go far in this company.

83 交通法を守らないことに対する刑罰は罰金だ。
The (p　　) for failing to (o　　) traffic (l　　) is a fine.

84 その新法は、すべてのメーカーが自社製品のリサイクルに対して責任を取ることを義務づけている。
The new (l　　) (o　　) all manufacturers to take responsibility for recycling their products.

85 路上犯罪の脅威は過去2、3年間に大幅に増えている。
The (t　　) of (c　　) on the streets has (m　　) in the past few years.

86 彼は即時尋問のために拘留された。

He was taken into (c　　) for immediate questioning.

87 その被害者は犯人が公に謝罪することを要求している。
The (v　　) has demanded that the perpetrator (a　　) publicly.

88 ストリートギャングと関わり合いになったために、彼の自由は犠牲になった。
He became (i　　) in a street gang, and his freedom was the (s　　).

89 その武装犯人は被害者を暴力の脅威にさらした。
The gunman put his (v　　) under (t　　) of (v　　).

90 彼は刑務所から釈放されてたった3週間後にその犯罪を犯した。
He (c　　) the (c　　) only three weeks after being released from prison.

91 犯罪に対して最も大きな犠牲を払うのは被害者だ。
The people who pay the biggest (s　　) for (c　　) are the (v　　).

92 その捜査で殺人者の身元を割り出すいくつかの新たな手がかりが得られた。
The (i　　) provided some new (c　　) to the (i　　) of the murderer.

93 その会社は目下その恐喝犯の正体に関心を持っている。
The company is currently (c　　) over the (i　　) of the blackmailer.

94 マスコミはその捜査の周辺をおおっている秘密主義を突き破ろうとしている。
The media are trying to break through the (s　　) that surrounds the (i　　).

95 彼はその調査で関与が明らかにされた後でさえ、関わり合いを全面否定した。

He (d) any involvement even after the (s) implicated him.

96 彼らはその強盗事件の背後にある動機を調べている。
They are (i) the motives behind the robbery.

97 浴室で血痕が検出されたが、それ以上の手がかりはまだ見つかっていない。
A (t) of blood was (d) in the bathroom, but further clues have yet to be found.

98 犯行現場で見つかった手がかりから、警察は被害者の身の安全を懸念せざるをえなくなっている。
(C) found at the scene of the crime have the police (c) over the safety of the victim.

99 その被告は証拠を隠滅しているところを逮捕された。
The (d) was (c) while destroying (e).

100 その証人は裁判官の前で証言した。
The (w) gave (t) before the court.

101 その弁護士は、被告は銃を発射したとき自己防衛しようとしていたのだ、と主張した。
The (l) claimed that the (d) was trying to (d) himself when he fired the gun.

102 彼は居合わせた3人が撃たれた殺人事件の容疑者だ。
He is a (s) in a murder case in which three bystanders were (s).

103 その弁護士によって公開された証拠物件から、被告は無罪であることが立証された。
The (e) (d) by the (l) proved that the (d) was innocent.

104 人前で銃を撃ったかどで、容疑者が警察に逮捕された。
A (s) has been arrested by the police for (s) a gun in public.

105 報告書で、その重要証人が買収されていたことが暴露された。
The report (d   ) that the chief (w   ) had been bribed.

106 その裁判に選任された陪審員団が法廷の中へ導かれていった。
The (j   ) that was (a   ) to the (t   ) was led into the court.

107 その被告には懲役6年の刑が言い渡された。
It was (j   ) that the defendant would receive a six-year prison (s   ).

108 死刑をもって罪を罰することは、世界の多くの国で禁じられている。
To (p   ) a crime with an (e   ) is banned in many countries of the world.

109 その犠牲者の家族は、裁判長があまり重くない刑を申し渡したときがっかりした。
The family of the victim were (d   ) when the chief (j   ) pronounced a modest (s   ).

110 彼女は中傷されたとしてその雑誌社を処罰するよう訴訟を起こした。
She initiated a (l   ) to (p   ) the magazine for libeling her.

111 その裁判は判事と陪審員が配属されたので、5月初旬に始まるだろう。
The (t   ) was (a   ) a (j   ) and a (j   ), and will commence in early May.

112 その会社はセクシャルハラスメント訴訟の結果に失望した。
The company was (d   ) at the outcome of the sexual harassment (l   ).

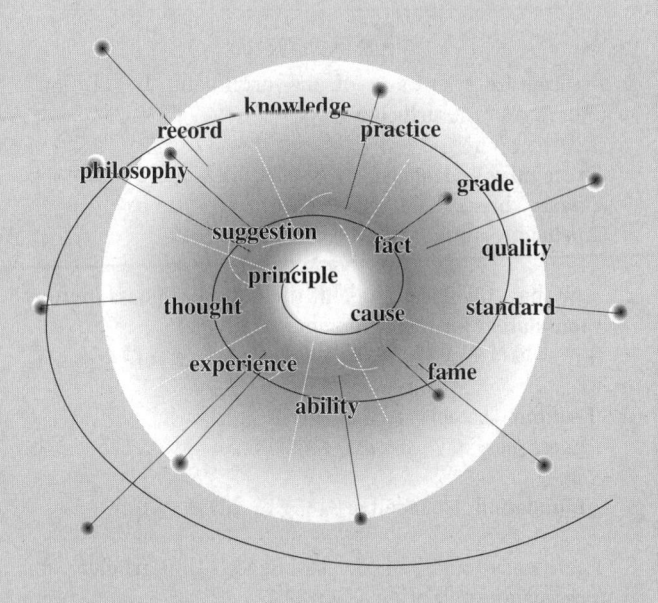

第3章
知識・学問

knowledge
record   practice
philosophy   grade
  suggestion fact   quality
     principle
  thought   cause standard
   experience   fame
         ability

42

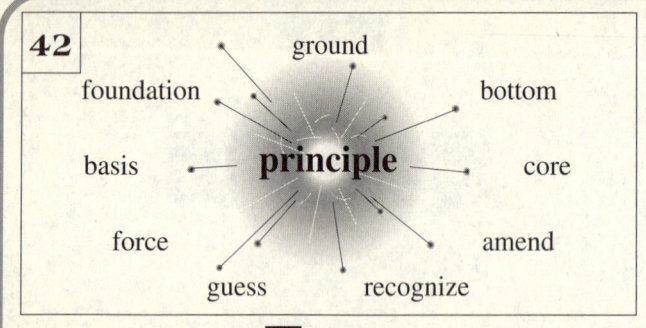

ground
foundation
bottom
basis
principle
core
force
amend
guess
recognize

📖 例文観察

1. I **recognize** the **basis** of his argument, but I don't understand the **principle**.
   彼の主張の根拠はわかるが、その本質が理解できない。
   □ **recognize** [rékəgnàiz] 動 認める、覚えがある、識別する
   □ **basis** [béisis] 名 論拠、基礎
   □ **principle** [prínsəpl] 名 原理、原則、主義

2. Now that the market has hit the **bottom**, I **guess** there is a **foundation** for improvement.
   今や市場は底を打ったので、好転する基盤はあると思う。
   □ **bottom** [bátəm] 名 底、最下位
   □ **guess** [gés] 動 〜だと思う、推測する、言い当てる 名 推測
   □ **foundation** [faundéiʃən] 名 基礎、基盤、創立

3. The peace treaty has established the **grounds** for **recognizing** each others' borders.
   その平和条約は、互いの国境を承認するための基盤を

確立した。
□ **ground** [gráund] 图 基礎、基盤、根拠

---

4. The **core** of his theory is based on the **principle** of quantum efficiency.
   彼の理論の中心は、量子効率の原理に基づいている。
   □ **core** [kɔ́ːr] 图 中心(部)、芯

---

5. His report provides the **grounds** for upgrading the software, but we cannot be **forced** into **amending** the entire system.
   彼の報告書はソフトウェアをグレードアップするための理由を示しているが、われわれがシステム全体の改修を強いられることはありえない。
   □ **force** [fɔ́ːrs] 動 強制する 图 力、強さ、軍事力
   □ **amend** [əménd] 動 修正する、改正する

---

6. Your argument hits the **core** of the issue, but does not provide the **basis** for improvement.
   あなたの議論は問題の核心をついてはいるが、改善するための論拠を与えていない。

---

7. The current **guess** is that the company will be **forced** into bankruptcy.
   目下の推測ではその会社は倒産を余儀なくされるだろう。

次のページで爆発する単語は⇨ **cause**

43

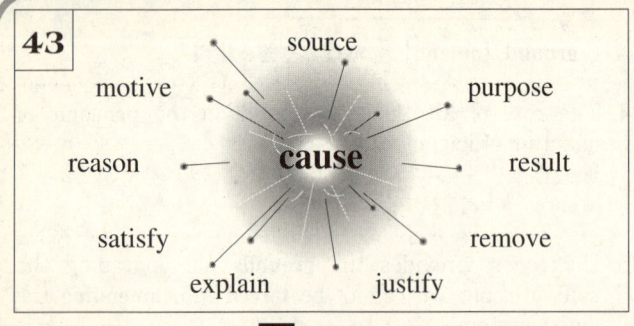

- source
- motive
- purpose
- reason
- **cause**
- result
- satisfy
- remove
- explain
- justify

📖 例文観察

1. The **cause** of the breakdown in communications was a **result** of bad management.
   コミュニケーション断絶の原因は、経営がまずかった結果だ。
   - □ **cause** [kɔ́ːz] 名 原因、理由、主義 動 ～の原因となる、もたらす
   - □ **result** [rizʌ́lt] 名 結果 動 結果として生ずる、～に終わる

---

2. The **purpose** of this report is to **explain** the operation of the new section.
   このレポートの目的は、新設された課の運営を説明することだ。
   - □ **purpose** [pə́ːrpəs] 名 目的、決心
   - □ **explain** [ikspléin] 動 説明する

---

3. I was not **satisfied** with the **reasons** he gave for **removing** my wallet from my desk.
   私の机から書類入れを持ち出したことに対して彼が述

べたいろいろな理由に、私は納得しなかった。
- **satisfy** [sǽtisfài] 動 満足させる、納得させる、満たす
- **reason** [ríːzn] 名 理由、理性、道理
- **remove** [rimúːv] 動 取り去る、持ち去る、取り除く

---

4. Trying to **justify** spending so much money on a new car was the **source** of the argument.
新車にあんな大金を使ったことを正当化しようとしたことから、そのけんかが始まった。
- **justify** [dʒʌ́stəfài] 動 正しいとする、正当化する
- **source** [sɔ́ːrs] 名 源、原因、出所

---

5. His **motive** for committing the crime is to be **explained** in a press conference.
その犯罪を犯した彼の動機は、記者会見で説明されることになっている。
- **motive** [móutiv] 名 動機

---

6. The **source** of her problems was **removed** from her life when her divorce was finalized.
彼女の離婚に決着がつくと、彼女のもろもろの問題の原因はその生活から取り除かれた。

---

7. The public were not **satisfied** with the **results** of the investigation.
世間はその調査の結果に満足しなかった。

次のページで爆発する単語は⇨ **fact**

44

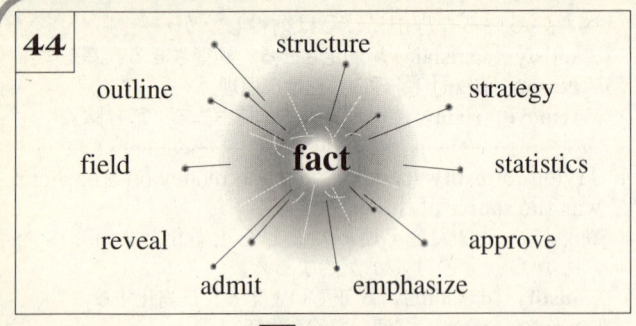

structure
outline
strategy
field
fact
statistics
reveal
approve
admit
emphasize

📖 例文観察

1. She **emphasized** the **fact** that **statistics** do not always reflect market tendencies.
   彼女は、統計は必ずしも市場の動向を反映しないという事実を強調した。
   □ **emphasize** [émfəsàiz] 動 強調する
   □ **fact** [fǽkt] 名 事実、実際、現実
   □ **statistics** [stətístiks] 名 統計、統計学

---

2. They **revealed** an **outline** of their **strategy** during the convention.
   彼らは党大会中に自分たちの戦略のアウトラインを明らかにした。
   □ **reveal** [rivíːl] 動 明らかにする、示す
   □ **outline** [áutlàin] 名 概略、輪郭 動 輪郭を描く、概説する
   □ **strategy** [strǽtədʒi] 名 戦術、戦略、策略

---

3. He **admitted** that the **structure** of the building did not meet earthquake standards.

彼はその建物の構造が地震の強度基準に達していないことを認めた。
- **admit** [ədmít] 動 認める、許す
- **structure** [strʌ́ktʃər] 名 構造、組織

---

4. The protective wear was fully tested in the **field** before being **approved**.
   認可される前に、その防護服は戦場で十分にテストされた。
   - **field** [fíːld] 名 野原、戦場、分野
   - **approve** [əprúːv] 動 承認する、認可する、賛成する

---

5. The **statistics revealed** that employment figures were the worst since records began.
   その統計で、雇用者数は記録を取り始めて以来最低であることが明らかになった。

---

6. They **approved** the project **outline** and agreed to provide the necessary finances.
   彼らはそのプロジェクトのアウトラインを承認し、必要な資金を提供することに同意した。

---

7. He **admitted** the **fact** that his **strategy** had failed in its objectives.
   彼は自分の戦略がその目的の達成に失敗したという事実を認めた。

次のページで爆発する単語は⇨ **suggestion**

45

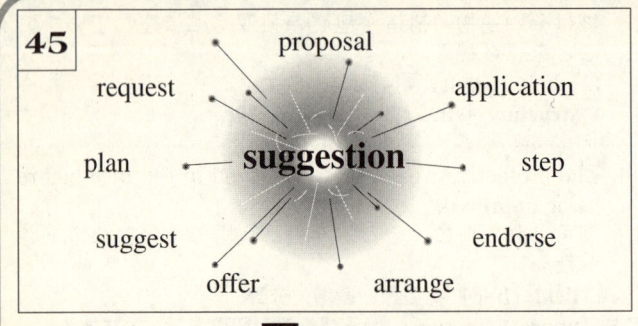

```
              proposal
  request                application
     plan    suggestion      step
      suggest              endorse
           offer    arrange
```

例文観察

1. He **offered** a few **suggestions** for the **proposal**, but none were accepted.
   彼はその企画に対して2、3の提案をしたが、どれひとつとして受け入れられなかった。
   □ **offer** [ɔ́(:)fər] 動 提供する、申し出る、提案する 名 申し出、提供
   □ **suggestion** [səgdʒéstʃən] 名 提案
   □ **proposal** [prəpóuzl] 名 提案、計画、申し込み

2. I'll **arrange** for your **application** to be **endorsed** as soon as possible.
   あなたの申請が是認されるよう、できるだけ早く取り計らいましょう。
   □ **arrange** [əréindʒ] 動 手はずを整える、取り決める、整理する
   □ **application** [æplikéiʃən] 名 申し込み、申請、応用
   □ **endorse** [endɔ́:rs] 動 是認する

3. I **suggested** a new **plan** to the board of directors.

私は重役会に新しい提案をした。
- **suggest** [sʌgdʒést] 動 提案する、それとなく示す
- **plan** [plǽn] 名 計画、案　動 計画を立てる、～するつもりである

---

4. Her **request** for promotion was turned down, but they did **offer** her a slight raise in pay.
   彼女の昇進依頼は退けられたが、なんと彼らは彼女に少額の賃上げを申し出たのだった。
   - **request** [rikwést] 名 要請、依頼　動 頼む、懇願する

---

5. Her **plan** was **endorsed** by the board of directors, and **steps** to execute it will be taken immediately.
   彼女のプランは役員会で承認されたので、ただちに実行段階に入るだろう。
   - **step** [stép] 名 段、段階、道程　動 歩く、踏み入れる

---

6. My **application** for a credit card was rejected.
   私のクレジットカードの申請は拒否された。

---

7. He has **arranged** a meeting for Friday during which they will submit their **proposal**.
   彼は金曜日に会合を設定したので、その間に彼らは自分たちの提案を出すだろう。

次のページで爆発する単語は⇨　**thought**

46

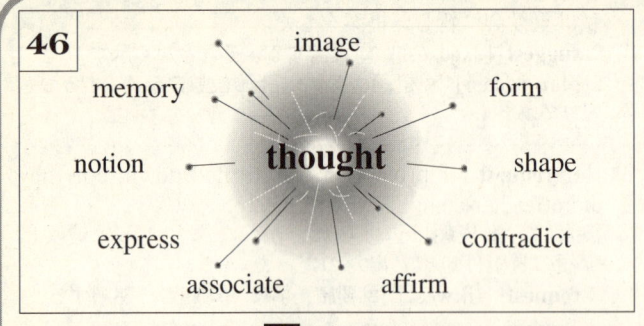

```
        image
memory           form
notion  thought  shape
express          contradict
   associate  affirm
```

例文観察

1. You must **express** your **thoughts** in the **form** of creative sentences.
   あなたは自分の意見を独創的な文章の形で表現しなければならない。
   □ **express** [iksprés] 動 表現する
   □ **thought** [θɔ́:t] 名 意見、考え、思いやり
   □ **form** [fɔ́:rm] 名 形、種類　動 形作る、結成する、構成する

---

2. The **memories** I have of Hawaii were **contradicted** by reality.
   私のハワイの思い出は現実によって否定されてしまった。
   □ **memory** [méməri] 名 思い出、記憶
   □ **contradict** [kàntrədíkt] 動 否定する、反論する、矛盾する

---

3. The sculpture **associates** the **shape** of a flying bird with the **notion** of freedom.

その彫刻は飛んでいる鳥の姿から自由というものを連想させる。
- □ **associate** [əsóuʃièit] 動 連想する、交際する [əsóuʃiət] 名 仲間
- □ **shape** [ʃéip] 名 形、姿、状態 動 形作る
- □ **notion** [nóuʃən] 名 概念、意見

---

4. The mental **image** I have of communism **affirms** my beliefs in democracy.
共産主義に対する観念的イメージがあるために、私は民主主義を信頼している。
- □ **image** [ímidʒ] 名 イメージ、姿、像
- □ **affirm** [əfə́ːrm] 動 断言する、肯定する、支持する

---

5. Artists create an **image** in their minds, but have no **notion** of its actual **form** until it is completed.
芸術家は頭の中にイメージを描くが、完成されるまではその実際の形はわからない。

---

6. The **thoughts** I had on improving work performance were **contradicted** by my supervisor.
業務遂行の改善について私が抱いていた考えは、上司によって否定された。

---

7. My **memories** of childhood are **associated** with sunny days and trips to the beach.
子供時代の思い出というと、晴れた日々や海辺への小旅行を連想する。

次のページで爆発する単語は⇨ experience

47

- condition
- occasion
- term
- opportunity — **experience** — situation
- miss
- lie
- expect
- encounter

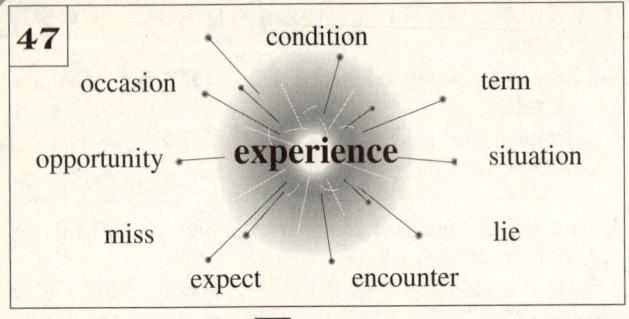

📖 例文観察

1. He **expects** to be offered the job owing to the **experience** he has in the field.
   彼はその分野での経験があるため、その仕事が提供されるだろうと思っている。
   □ **expect** [ikspékt] 動 予期する、～するだろうと思う、期待する
   □ **experience** [ikspíəriəns] 名 経験、体験 動 経験する

2. **Opportunities lie** behind every corner.
   どんな窮地にもチャンスはある。
   □ **opportunity** [àpərt(j)ú:nəti] 名 機会、好機
   □ **lie** [lái] 動 横たわる、ある、～に位置する

3. We **encountered** a **situation** where working **conditions** were detrimental to the health of the staff.
   われわれは労働条件が従業員の健康に悪い状況に直面した。
   □ **encounter** [enkáuntər] 動 (困難・危険などに)あう、直面する、偶然出会う

□ **situation** [sìtʃuéiʃən] 图 情勢、状態、位置
□ **condition** [kəndíʃən] 图 条件、状態、状況

4. The **opportunity** for promotion arose, but he **missed** it.
   昇進の機会があったのだが、彼はそれを逃してしまった。
   □ **miss** [mís] 動 逃がす、〜しそこなう、〜がないのを寂しく思う

5. On **occasions** like this, it is best to pretend you don't know anything.
   このような場合には、何も知らないふりをするのが一番よい。
   □ **occasion** [əkéiʒən] 图 時、場合、行事

6. The **terms** of the contract were agreeable, but I didn't **expect** the interest rate to be so high.
   契約書の条件は好適だったが、金利がそんなに高いとは思わなかった。
   □ **term** [tə́:rm] 图 (契約などの)条件、期間

7. I **miss** the **occasions** when we used to visit art galleries together.
   私たちがよく一緒に美術館を訪ねたころが懐かしい。

次のページで爆発する単語は⇨ **ability**

第3章 知識・学問　139

48

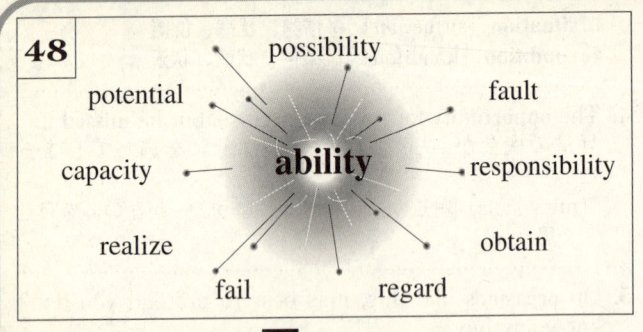

```
              possibility
potential                    fault
   capacity    ability    responsibility
     realize                obtain
        fail      regard
```

🏠 例文観察

1. His **ability** as a doctor is evident, but he has no **capacity** to run his own hospital.
   医者としての力量は明らかだが、彼には自分の病院を経営する能力はない。
   □ **ability** [əbíləti] 名 才能、能力、力量
   □ **capacity** [kəpǽsəti] 名 能力、受容能力

2. He **failed** to win the contract, but it was not his **fault**.
   彼はその契約を取れなかったが、それは彼の責任ではなかった。
   □ **fail** [féil] 動 失敗する、~できない、怠る
   □ **fault** [fɔ́:lt] 名 責任、欠陥、短所

3. I **realize** the **potential** she has, but unfortunately she is not a team worker.
   彼女が持っている可能性はわかるが、残念ながら彼女はチームワーカーではない。
   □ **realize** [rí:əlàiz] 動 悟る、よくわかる、実現する
   □ **potential** [pəténʃəl] 名 可能性、潜在(能)力 形 可能な、

潜在的な

4. He must accept full **responsibility regarding** the breakdown of the system.
   その制度の崩壊に関しては、彼が全責任を取らなければならない。
   □ **responsibility** [rispànsəbíləti] 名 責任
   □ **regard** [rigá:rd] 動 関係する、みなす、注意を払う 名 尊敬、配慮（* regarding は regard に ing がついて、前置詞として用いられている例）。

5. There is a **possibility** that we can **obtain** the sales rights for Japan.
   われわれには日本での販売権を獲得できる可能性がある。
   □ **possibility** [pàsəbíləti] 名 可能性、機会
   □ **obtain** [əbtéin] 動 得る、手に入れる

6. He is **regarded** as a top salesman for the company, but his one **fault** is his continual lateness.
   彼はその会社のトップの営業マンとみなされているが、唯一の欠点はくり返し遅刻することだ。

7. If we can **obtain** the full **potential** of the new design, we have the **capacity** to be an industry leader.
   そのニューデザインの潜在的な力を十分に獲得できれば、わが社は産業界のトップ企業になることができる。

次のページで爆発する単語は⇨ **fame**

49

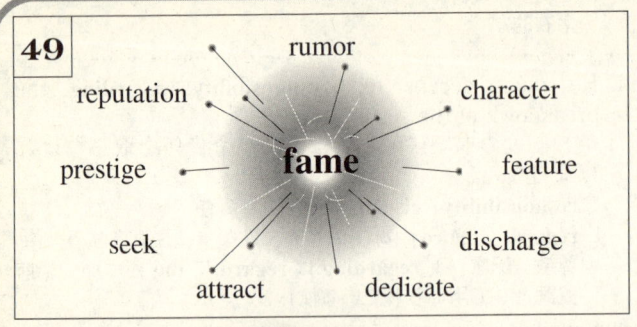

- rumor
- reputation
- character
- prestige
- **fame**
- feature
- seek
- discharge
- attract
- dedicate

📖 例文観察

1. His **fame** as a writer **attracts** many fans to his book signing sessions.
   彼の作家としての名声が、多くのファンを著書のサイン会へと引きつける。
   □ **fame** [féim] 名 名声、有名
   □ **attract** [ətrǽkt] 動 引きつける、魅惑する

---

2. He is **seeking** a **reputation** as a world-class chef and the **prestige** that follows.
   彼は世界一流のシェフとしての評判と、後に続く名声を求めている。
   □ **seek** [síːk] 動 捜し求める、求める
   □ **reputation** [rèpjətéiʃən] 名 評判、うわさ、名声
   □ **prestige** [prestíːʒ] 名 名声、威信

---

3. He has **dedicated** his life to the stage, and is capable of playing a wide range of Shakespearian **characters**.
   彼は生涯を舞台に捧げてきたので、いろいろなシェークスピア作品の登場人物を演じることができる。

- **dedicate** [dédikèit] 動 捧げる、専念する
- **character** [kǽrəktər] 名 登場人物、個性、文字

---

4. We must **discharge rumors** that the company is involved in tax evasion.
   われわれは会社が脱税に関与しているといううわさを打ち消さなければならない。
   - **discharge** [distʃɑ́ːrdʒ] 動 解放する、取り消す、降ろす 名 荷揚げ、解放、取消し
   - **rumor** [rúːmər] 名 うわさ

5. The main **features** of the new camera will **attract** more middle-aged users.
   その新しいカメラの主要な特徴が、さらに中年ユーザーを引きつけるだろう。
   - **feature** [fíːtʃər] 名 特徴、顔立ち 動 呼びものにする、特徴づける

---

6. The **fame** he sought was taken away from him because of **rumors** of infidelity.
   不倫のうわさのせいで、彼は手に入れようとした名声をつかみそこなった。

---

7. The society is **dedicated** to environmental issues, despite the **rumors** of profiteering.
   暴利をむさぼっているといううわさにもかかわらず、その団体は環境問題に打ち込んでいる。

次のページで爆発する単語は⇨ **standard**

第3章 知識・学問

50

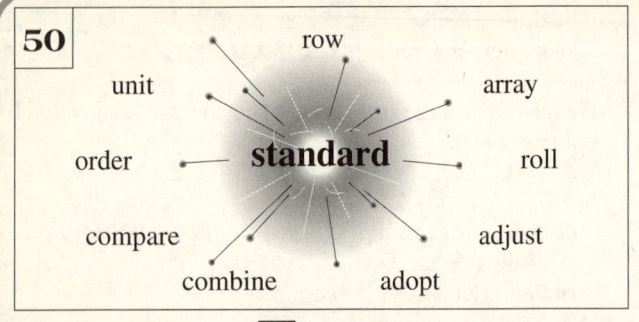

- row
- unit
- array
- order
- **standard**
- roll
- compare
- adjust
- combine
- adopt

例文観察

1. If you **compare** the quality assurance **standards** of both companies, it is clear which is more suitable.
   両社の品質保証基準を比べれば、どちらがより適切かは明らかだ。
   - □ **compare** [kəmpéər] 動 比較する、たとえる、匹敵する
   - □ **standard** [stǽndərd] 名 基準、標準 形 標準の、普通の

2. We should **adopt** a system in which all computers are linked together in an **array**.
   われわれはすべてのコンピューターが並列に結合したシステムを採用すべきだ。
   - □ **adopt** [ədápt] 動 採用する、採択する、養子にする
   - □ **array** [əréi] 名 整列、配列 動 配置する、整列させる

3. I wish to **adjust** the **order** to include ten **units** instead of eight.
   私はその配列を8ユニットでなく10ユニットが入るように調整したい。
   - □ **adjust** [ədʒʌ́st] 動 調整する、調節する、適合させる

□ **order** [ɔ́:rdər] 图 順序、整列、規律
□ **unit** [jú:nit] 图 ユニット、(構成)単位、1 個

---

4. The features of the product **combine** efficiency with safety.
その製品の特徴は能率と安全を兼ね備えていることだ。
□ **combine** [kəmbáin] 動 組合せる、兼ね備える、結合する

---

5. The order included three dozen **rolls** of industrial steel.
その注文には36ロールの工業用スチールが含まれていた。
□ **roll** [róul] 图 1巻き、名簿 動 巻く、転がる

---

6. I am having trouble **adjusting** to the new office layout now the desks are lined up in a **row**.
デスクが1列に並べられたので、私は新しいオフィスのレイアウトに慣れるのに苦労している。
□ **row** [róu] 图 列、並び

---

7. The **standards** implemented in accordance with the law have now been **adopted** by all departments.
法律に従って設定された基準が、今やすべての部で採用されている。

次のページで爆発する単語は⇨ **quality**

第3章 知識・学問

51

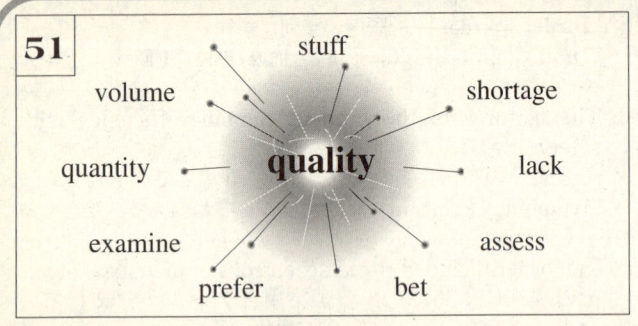

```
            stuff
volume              shortage
    quantity  quality  lack
examine             assess
      prefer    bet
```

🏠 例文観察

1. We **prefer quality** to **quantity**, but not all companies have the same policy.
   われわれは量より質を優先するが、すべての会社が同じ方針であるとは限らない。
   □ **prefer** [prifə́:r] 動 好きである、好む、むしろ〜したい
   □ **quality** [kwάləti] 名 質、良質、特性
   □ **quantity** [kwάntəti] 名 量、分量、多量

---

2. Defects are causing the **volume** of returned **stuff** to increase every year.
   欠陥は毎年返品の量を増やす原因となっている。
   □ **volume** [vάlju(:)m] 名 量、容積、1巻
   □ **stuff** [stʌ́f] 名 もの、こと、材料 動 詰める

---

3. A committee was established to **examine** the **shortage** of manpower.
   労働力不足を調査するために委員会が設立された。
   □ **examine** [igzǽmin] 動 調査する、診察する、試験をする
   □ **shortage** [ʃɔ́:rtidʒ] 名 不足

4. We need to **assess** the **volume** of demand in order to determine the **quantity** of supply.
   供給量を決めるには、需要量を見極めることが必要だ。
   □ **assess** [əsés] 動 評価する、査定する、判断する

5. A **lack** of financing is directly connected to a **shortage** of investors.
   融資不足は投資家不足と直接関連がある。
   □ **lack** [lǽk] 名 不足していること、欠如　動 欠いている、不足している

6. I **bet** she will return from the shops with a huge **volume** of parcels.
   きっと彼女はあちこちの店から大量の包みを持って戻ってきますよ。
   □ **bet** [bét] 動 賭ける　名 賭け

7. The **quality** of the product was **assessed** as being lower than the industrial standard.
   その製品の品質は工業基準より低いと評価された。

次のページで爆発する単語は⇨ **grade**

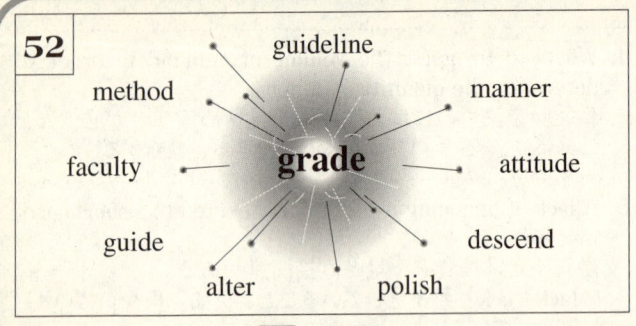

52

- guideline
- method
- manner
- faculty
- **grade**
- attitude
- guide
- descend
- alter
- polish

例文観察

1. She needs to **polish** her **grades** if she wants to get into an eminent university.
   もし彼女が有名大学に入りたいならば、さらに成績を上げる必要がある。
   □ **polish** [páliʃ] 動 磨きをかける、磨く 名 磨き粉、光沢
   □ **grade** [gréid] 名 等級、成績、学年 動 等級に分ける、成績をつける

2. The **faculty** has **altered** its **attitude** to the **manner** in which students are **graded**.
   その学部は学生たちが成績で分けられるやり方へと考え方を変えた。
   □ **faculty** [fǽkəlti] 名 学部、機能、才能
   □ **alter** [ɔ́:ltər] 動 変える、変わる、作り変える
   □ **attitude** [ǽtit(j)ù:d] 名 態度、姿勢
   □ **manner** [mǽnər] 名 方法、やり方、態度

3. The **guidelines** were **altered** to include details on after-sales services.

その指針には新たにアフターサービスについての詳細な記述が加えられた。
□ **guideline** [gáidlàin] 图 指針、指標

---

4. The popularity of the **faculty** for comparative culture has **descended** a few notches since the recession started.
景気後退以来、比較文化学部の人気は急激に落ちている。
□ **descend** [disénd] 動 下る、低下する、伝わる

---

5. He had to be **guided** through the **method** of updating the data.
彼はそのデータを更新する方法を指導してもらわなければならなかった。
□ **guide** [gáid] 動 指導をする、案内する、導く 图 案内者、道しるべ
□ **method** [méθəd] 图 方法、筋道

---

6. The **guidelines** were **polished** to eradicate innumerable errors.
その指針は無数の間違いをなくすために何度も見直された。

---

7. His **attitude** is intolerable and must be **altered**.
彼の態度は我慢ならない、改めてもらわなければだめだ。

次のページで爆発する単語は➩ *practice*

53

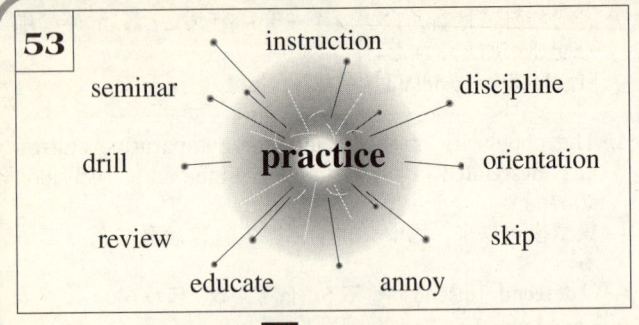

- instruction
- seminar
- discipline
- drill
- **practice**
- orientation
- review
- skip
- educate
- annoy

🏠 例文観察

1. He plays for a local soccer team, but **skips practice** quite regularly.
   彼は地元のサッカーチームでプレイしているが、かなり定期的に練習をさぼる。
   □ **skip** [skíp] 動 飛ばす、休む、軽く跳ぶ
   □ **practice** [præktis] 名 練習、慣例、実施

---

2. The **seminar** was held to provide **orientation** and **educate** the staff on handling customer complaints.
   そのセミナーは、オリエンテーションを提供し、顧客からの苦情処理について職員を教育するために開かれた。
   □ **seminar** [sémənὰːr] 名 研究(集)会、ゼミ
   □ **orientation** [ɔ̀ːrientéiʃən] 名 オリエンテーション、方向づけ、入門指導
   □ **educate** [édʒəkèit] 動 教育する、訓練する

---

3. Most of the staff are **annoyed** by the monthly fire **drills**.
   職員のほとんどが、月1回の防火訓練をわずらわしい

と思っている。
- □ **annoy** [ənɔ́i] 動 いらいらさせる、わずらわす、悩ます
- □ **drill** [dríl] 名 演習、訓練、きり　動 訓練する、穴をあける

4. The **instructions** were **reviewed** to confirm compliance with current laws.
   その使用説明書は、現行法にそっていることを確認するために見直された。
   - □ **instruction** [instrʌ́kʃən] 名 指図、使用説明書、教えること
   - □ **review** [rivjúː] 動 復習する、批評する、調査する（188ページ参照）

5. The way in which **discipline** is enforced **annoys** me.
   訓練が強要されるやり方に私はいらいらする。
   - □ **discipline** [dísəplin] 名 訓練、規律

6. I have a three-day **seminar** for **orientation** purposes before I start my new job.
   私は新しい仕事を始める前に、オリエンテーション目的の3日間のセミナーを受ける。

7. **Discipline** is declining at the school, and many children now **skip** classes.
   その学校では規律が乱れてきており、今では多くの児童が授業をさぼる。

次のページで爆発する単語は⇨ **knowledge**

54

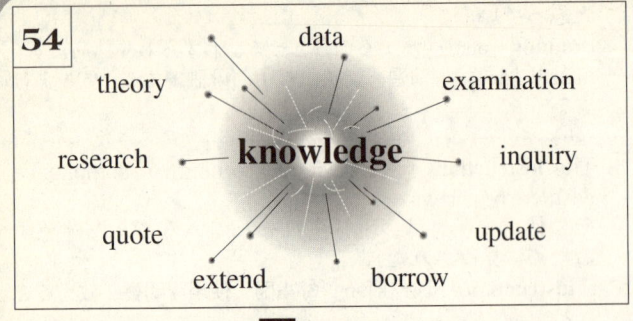

- theory
- data
- examination
- research
- **knowledge**
- inquiry
- quote
- update
- extend
- borrow

例文観察

1. His **knowledge** of entomology **extends** to all insects that inhabit South East Asia.
   彼の昆虫学の知識は、東南アジアに生息しているすべての昆虫にまでわたっている。
   □ **knowledge** [nάlidʒ] 名 知識、学識
   □ **extend** [iksténd] 動 広がる、伸ばす、及ぶ

2. The **research** he carried out for his **theory extended** to field experiments in Alaska.
   彼が自分の学説のために実施した調査は、アラスカでの野外実験にまで及んだ。
   □ **research** [ri:sə́:rtʃ] 名 研究、調査
   □ **theory** [θí:əri] 名 学説、理論

3. An **inquiry** was held to discover the cause of the problem and discuss **updating** the safety guidelines.
   その問題の原因を明らかにして、安全指針の更新を検討するための調査が行われた。
   □ **inquiry** [inkwáiəri] 名 調査、研究、質問

□ **update** [ʌ̀pdéit] 動 更新する、最新のものにする
　　　　　[ʌ́pdèit] 名 最新情報、最新版

4. May I **borrow** the **data** you gathered on market trends for my research?
あなたが市場動向に関して収集したデータを、私の研究のために拝借してもいいですか。
□ **borrow** [bɔ́(:)rou] 動 借りる、取り入れる
□ **data** [déitə] 名 資料、データ

5. He was asked to **quote** the sources of his **research** during the **inquiry**.
彼はその調査期間中に、研究の引用資料を示すように求められた。
□ **quote** [kwóut] 動 引用する、示す

6. He **quoted** from Einstein's **Theory** of Relativity during the **examination**.
彼はその試験の間じゅうアインシュタインの相対性理論から引用した。
□ **examination** [igzæmənéiʃən] 名 試験、調査、診察

7. My **knowledge** of computer programming is outdated and needs **updating**.
私のコンピュータープログラミングの知識は、時代遅れで最新のものにする必要がある。

次のページで爆発する単語は⇨ **record**

55

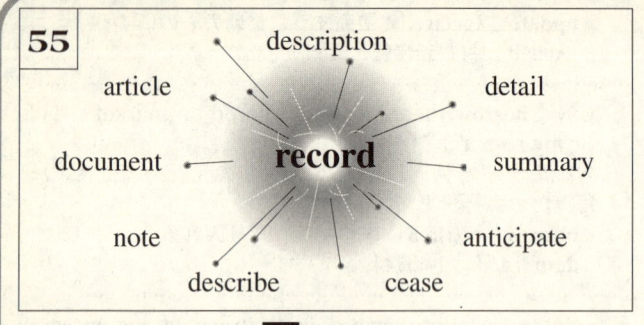

```
              description
   article              detail
document  ── record ──  summary
   note                 anticipate
      describe    cease
```

🏠 例文観察

1. We have **ceased** keeping **records** of employee performance owing to privacy issues.
   プライバシーの問題なので、われわれは社員業績の記録をつけるのをやめている。
   □ **cease** [síːs] 動 やめる、終わる
   □ **record** [rékərd] 名 記録、経歴 [rikɔ́ːrd] 動 記録する

---

2. We **noted** that the **details** provided in the **article** were not accurate.
   われわれはその記事の詳細な記述が正確でないことに気づいた。
   □ **note** [nóut] 動 注意する、気づく、書き留める 名 覚え書、注釈
   □ **detail** [díːteil] 名 詳細、細部 動 詳述する
   □ **article** [áːrtikl] 名 記事、品物、箇条

---

3. The **document described** the procedures for automating the production line.
   その書類には生産ラインをオートメーション化するた

めの手順が述べられていた。
- **document** [dákjəmənt] 名 文書、書類
- **describe** [diskráib] 動 描写する、記述する、特徴を述べる

---

4. The audience were **anticipating** a **detailed** explanation, but all he gave was a **summary**.
   聴衆は詳しい説明を期待していたが、彼は概略を述べただけだった。
   - **anticipate** [æntísəpèit] 動 予想する、予期する
   - **summary** [sáməri] 名 要約、概略 形 手短な

---

5. The patent application was rejected because **descriptions** of the product are available in the public domain.
   その製品の説明書が公開されているために、特許の申請は却下された。
   - **description** [diskrípʃən] 名 記述、説明(書)、人相

---

6. The **article noted** that the government refused to release records on overseas trips.
   その記事は政府が海外旅行に関する報告書の公表を拒否したことを指摘した。

---

7. I have **described** the main functions of the system in this brief **summary**.
   私はこの簡単な要約の中でそのシステムの主要な機能を説明した。

次のページで爆発する単語は ⇨ philosophy

56

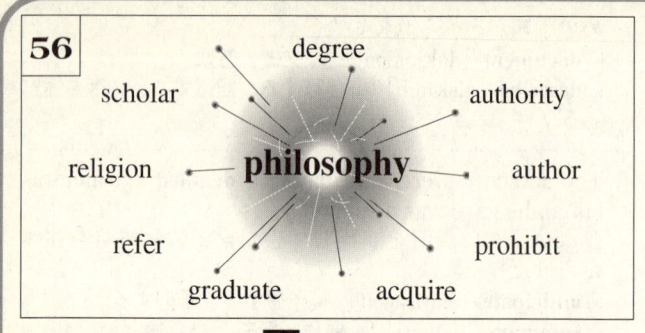

scholar — degree — authority
religion — **philosophy** — author
refer — — prohibit
graduate — acquire

🏠 例文観察

1. The **author referred** to the relationship between **philosophy** and **religion**.
   著者は哲学と宗教の関係に言及した。
   □ **author** [ɔ́:θər] 名 著者、作家
   □ **refer** [rifə́:r] 動 言及する、参照する
   □ **philosophy** [fəlάsəfi] 名 哲学、原理、考え方
   □ **religion** [rilídʒən] 名 宗教、宗派、信仰

2. My **religion prohibits** me from drinking alcohol.
   私の信ずる宗教は飲酒を禁止している。
   □ **prohibit** [prouhíbət] 動 禁止する、〜するのを妨げる

3. He **acquired** his **degree** in economics from a major university.
   彼は一流大学で経済学の学位を取得した。
   □ **acquire** [əkwáiər] 動 得る、獲得する、身につける
   □ **degree** [digrí:] 名 学位、程度、度

4. His position of **authority prohibits** him from sympa-

thizing with radical **philosophies**.
彼は権威ある地位にあるがために、急進的な考え方に同調することができない。
□ **authority** [əθɔ́ːrəti] 名 権威、権限、権威者

---

5. He **graduated** from a seminary, and is now considered a leading **scholar** of theology.
彼は神学校を卒業して、今では指導的な神学者とみなされている。
□ **graduate** [grǽdʒuèit] 動 卒業する　[grǽdʒuət] 名 卒業生
□ **scholar** [skάlər] 名 学者

---

6. He is an **authority** on the **philosophies** of the Greek masters.
彼はそのギリシャの偉人たちの哲学に関する権威である。

---

7. He is not only an **author** of books on macroeconomics, he is also a **scholar** on the subject.
彼はマクロ経済学に関する本の著者であるばかりか、その分野の学者でもある。

172ページで爆発する単語は⇨　**audience**

Review Quiz

第3章

1 彼の主張の根拠はわかるが、その本質が理解できない。
I (r   ) the (b   ) of his argument, but I don't understand the (p   ).

2 今や市場は底を打ったので、好転する基盤はあると思う。
Now that the market has hit the (b   ), I (g   ) there is a (f   ) for improvement.

3 その平和条約は、互いの国境を承認するための基盤を確立した。
The peace treaty has established the (g   ) for (r   ) each others' borders.

4 彼の理論の中心は、量子効率の原理に基づいている。
The (c   ) of his theory is based on the (p   ) of quantum efficiency.

5 彼の報告書はソフトウェアをグレードアップするための理由を示しているが、われわれがシステム全体の改修を強いられることはありえない。
His report provides the (g   ) for upgrading the software, but we cannot be (f   ) into (a   ) the entire system.

6 あなたの議論は問題の核心をついてはいるが、改善するための論拠を与えていない。
Your argument hits the (c   ) of the issue, but does not provide the (b   ) for improvement.

7 目下の推測ではその会社は倒産を余儀なくされるだろう。
The current (g   ) is that the company will be (f   ) into bankruptcy.

8 コミュニケーション断絶の原因は、経営がまずかった結果だ。

The (c   ) of the breakdown in communications was a (r   ) of bad management.

9 このレポートの目的は、新設された課の運営を説明することだ。
The (p   ) of this report is to (e   ) the operation of the new section.

10 私の机から書類入れを持ち出したことに対して彼が述べたいろいろな理由に、私は納得しなかった。
I was not (s   ) with the (r   ) he gave for (r   ) my wallet from my desk.

11 新車にあんな大金を使ったことを正当化しようとしたことから、そのけんかが始まった。
Trying to (j   ) spending so much money on a new car was the (s   ) of the argument.

12 その犯罪を犯した彼の動機は、記者会見で説明されることになっている。
His (m   ) for committing the crime is to be (e   ) in a press conference.

13 彼女の離婚に決着がつくと、彼女のもろもろの問題の原因はその生活から取り除かれた。
The (s   ) of her problems was (r   ) from her life when her divorce was finalized.

14 世間はその調査の結果に満足しなかった。
The public were not (s   ) with the (r   ) of the investigation.

15 彼女は、統計は必ずしも市場の動向を反映しないという事実を強調した。 P.132〜P.133
She (e   ) the (f   ) that (s   ) do not always reflect market tendencies.

16 彼らは党大会中に自分たちの戦略のアウトラインを明らかにした。

They (r   ) an (o   ) of their (s   ) during the convention.

17 彼はその建物の構造が地震の強度基準に達していないことを認めた。
He (a   ) that the (s   ) of the building did not meet earthquake standards.

18 認可される前に、その防護服は戦場で十分にテストされた。
The protective wear was fully tested in the (f   ) before being (a   ).

19 その統計で、雇用者数は記録を取り始めて以来最低であることが明らかになった。
The (s   ) (r   ) that employment figures were the worst since records began.

20 彼らはそのプロジェクトのアウトラインを承認し、必要な資金を提供することに同意した。
They (a   ) the project (o   ) and agreed to provide the necessary finances.

21 彼は自分の戦略がその目的の達成に失敗したという事実を認めた。
He (a   ) the (f   ) that his (s   ) had failed in its objectives.

22 彼はその企画に対して2、3の提案をしたが、どれひとつとして受け入れられなかった。
He (o   ) a few (s   ) for the (p   ), but none were accepted.

23 あなたの申請が是認されるよう、できるだけ早く取り計らいましょう。
I'll (a   ) for your (a   ) to be (e   ) as soon as possible.

24 私は重役会に新しい提案をした。

P.134
〳
P.135

I (s　　) a new (p　　) to the board of directors.

25 彼女の昇進依頼は退けられたが、なんと彼らは彼女に少額の賃上げを申し出たのだった。
Her (r　　) for promotion was turned down, but they did (o　　) her a slight raise in pay.

26 彼女のプランは役員会で承認されたので、ただちに実行段階に入るだろう。
Her (p　　) was (e　　) by the board of directors, and (s　　) to execute it will be taken immediately.

27 私のクレジットカードの申請は拒否された。
My (a　　) for a credit card was rejected.

28 彼は金曜日に会合を設定したので、その間に彼らは自分たちの提案を出すだろう。
He has (a　　) a meeting for Friday during which they will submit their (p　　).

29 あなたは自分の意見を独創的な文章の形で表現しなければならない。
You must (e　　) your (t　　) in the (f　　) of creative sentences.

30 私のハワイの思い出は現実によって否定されてしまった。
The (m　　) I have of Hawaii were (c　　) by reality.

31 その彫刻は飛んでいる鳥の姿から自由というものを連想させる。
The sculpture (a　　) the (s　　) of a flying bird with the (n　　) of freedom.

32 共産主義に対する観念的イメージがあるために、私は民主主義を信頼している。
The mental (i　　) I have of communism (a　　) my beliefs in democracy.

33 芸術家は頭の中にイメージを描くが、完成されるまではそ

P.136
〜
P.137

の実際の形はわからない。
Artists create an (i　　) in their minds, but have no (n　　) of its actual (f　　) until it is completed.

34 業務遂行の改善について私が抱いていた考えは、上司によって否定された。
The (t　　) I had on improving work performance were (c　　) by my supervisor.

35 子供時代の思い出というと、晴れた日々や海辺への小旅行を連想する。
My (m　　) of childhood are (a　　) with sunny days and trips to the beach.

36 彼はその分野での経験があるため、その仕事が提供されるだろうと思っている。
He (e　　) to be offered the job owing to the (e　　) he has in the field.

37 どんな窮地にもチャンスはある。
(O　　) (l　　) behind every corner.

38 われわれは労働条件が従業員の健康に悪い状況に直面した。
We (e　　) a (s　　) where working (c　　) were detrimental to the health of the staff.

39 昇進の機会があったのだが、彼はそれを逃してしまった。
The (o　　) for promotion arose, but he (m　　) it.

40 このような場合には、何も知らないふりをするのが一番よい。
On (o　　) like this, it is best to pretend you don't know anything.

41 契約書の条件は好適だったが、金利がそんなに高いとは思わなかった。
The (t　　) of the contract were agreeable, but I didn't (e　　) the interest rate to be so high.

42 私たちがよく一緒に美術館を訪ねたころが懐かしい。
I (m   ) the (o   ) when we used to visit art galleries together.

43 医者としての力量は明らかだが、彼には自分の病院を経営する能力はない。
His (a   ) as a doctor is evident, but he has no (c   ) to run his own hospital.

44 彼はその契約を取れなかったが、それは彼の責任ではなかった。
He (f   ) to win the contract, but it was not his (f   ).

45 彼女が持っている可能性はわかるが、残念ながら彼女はチームワーカーではない。
I (r   ) the (p   ) she has, but unfortunately she is not a team worker.

46 その制度の崩壊に関しては、彼が全責任を取らなければならない。
He must accept full (r   ) (r   ) the breakdown of the system.

47 われわれには日本での販売権を獲得できる可能性がある。
There is a (p   ) that we can (o   ) the sales rights for Japan.

48 彼はその会社のトップの営業マンとみなされているが、唯一の欠点はくり返し遅刻することだ。
He is (r   ) as a top salesman for the company, but his one (f   ) is his continual lateness.

49 そのニューデザインの潜在的な力を十分に獲得できれば、わが社は産業界のトップ企業になることができる。
If we can (o   ) the full (p   ) of the new design, we have the (c   ) to be an industry leader.

第3章 知識・学問

50 彼の作家としての名声が、多くのファンを著書のサイン会へと引きつける。
His (f   ) as a writer (a   ) many fans to his book signing sessions.

51 彼は世界一流のシェフとしての評判と、後に続く名声を求めている。
He is (s   ) a (r   ) as a world-class chef and the (p   ) that follows.

52 彼は生涯を舞台に捧げてきたので、いろいろなシェークスピア作品の登場人物を演じることができる。
He has (d   ) his life to the stage, and is capable of playing a wide range of Shakespearian (c   ).

53 われわれは会社が脱税に関与しているといううわさを打ち消さなければならない。
We must (d   ) (r   ) that the company is involved in tax evasion.

54 その新しいカメラの主要な特徴が、さらに中年ユーザーを引きつけるだろう。
The main (f   ) of the new camera will (a   ) more middle-aged users.

55 不倫のうわさのせいで、彼は手に入れようとした名声をつかみそこなった。
The (f   ) he sought was taken away from him because of (r   ) of infidelity.

56 暴利をむさぼっているといううわさにもかかわらず、その団体は環境問題に打ち込んでいる。
The society is (d   ) to environmental issues, despite the (r   ) of profiteering.

57 両社の品質保証基準を比べれば、どちらがより適切かは明らかだ。
If you (c   ) the quality assurance (s   ) of both

companies, it is clear which is more suitable.

58 われわれはすべてのコンピューターが並列に結合したシステムを採用すべきだ。
We should (a   ) a system in which all computers are linked together in an (a   ).

59 私はその配列を8ユニットでなく10ユニットが入るように調整したい。
I wish to (a   ) the (o   ) to include ten (u   ) instead of eight.

60 その製品の特徴は能率と安全を兼ね備えていることだ。
The features of the product (c   ) efficiency with safety.

61 その注文には36ロールの工業用スチールが含まれていた。
The order included three dozen (r   ) of industrial steel.

62 デスクが1列に並べられたので、私は新しいオフィスのレイアウトに慣れるのに苦労している。
I am having trouble (a   ) to the new office layout now the desks are lined up in a (r   ).

63 法律に従って設定された基準が、今やすべての部で採用されている。
The (s   ) implemented in accordance with the law have now been (a   ) by all departments.

64 われわれは量より質を優先するが、すべての会社が同じ方針であるとは限らない。
We (p   ) to (q   ) to (q   ), but not all companies have the same policy.

65 欠陥は毎年返品の量を増やす原因となっている。
Defects are causing the (v   ) of returned (s   ) to increase every year.

66 労働力不足を調査するために委員会が設立された。
A committee was established to (e　　) the (s　　) of manpower.

67 供給量を決めるには、需要量を見極めることが必要だ。
We need to (a　　) the (v　　) of demand in order to determine the (q　　) of supply.

68 融資不足は投資家不足と直接関連がある。
A (l　　) of financing is directly connected to a (s　　) of investors.

69 きっと彼女はあちこちの店から大量の包みを持って戻ってきますよ。
I (b　　) she will return from the shops with a huge (v　　) of parcels.

70 その製品の品質は工業基準より低いと評価された。
The (q　　) of the product was (a　　) as being lower than the industrial standard.

71 もし彼女が有名大学に入りたいならば、さらに成績を上げる必要がある。
She needs to (p　　) her (g　　) if she wants to get into an eminent university.

P.148〜P.149

72 その学部は学生たちが成績で分けられるやり方へと考え方を変えた。
The (f　　) has (a　　) its (a　　) to the (m　　) in which students are (g　　).

73 その指針には新たにアフターサービスについての詳細な記述が加えられた。
The (g　　) were (a　　) to include details on after-sales services.

74 景気後退以来、比較文化学部の人気は急激に落ちている。
The popularity of the (f　　) for comparative culture has (d　　) a few notches since the recession started.

75 彼はそのデータを更新する方法を指導してもらわなければならなかった。
He had to be (g   ) through the (m   ) of updating the data.

76 その指針は無数の間違いをなくすために何度も見直された。
The (g   ) were (p   ) to eradicate innumerable errors.

77 彼の態度は我慢ならない、改めてもらわなければだめだ。
His (a   ) is intolerable and must be (a   ).

78 彼は地元のサッカーチームでプレイしているが、かなり定期的に練習をさぼる。
He plays for a local soccer team, but (s   ) (p   ) quite regularly.

P.150
〜
P.151

79 そのセミナーは、オリエンテーションを提供し、顧客からの苦情処理について職員を教育するために開かれた。
The (s   ) was held to provide (o   ) and (e   ) the staff on handling customer complaints.

80 職員のほとんどが、月1回の防火訓練をわずらわしいと思っている。
Most of the staff are (a   ) by the monthly fire (d   ).

81 その使用説明書は、現行法にそっていることを確認するために見直された。
The (i   ) were (r   ) to confirm compliance with current laws.

82 訓練が強要されるやり方に私はいらいらする。
The way in which (d   ) is enforced (a   ) me.

83 私は新しい仕事を始める前に、オリエンテーション目的の3日間のセミナーを受ける。

I have a three-day (s   ) for (o   ) purposes before I start my new job.

84 その学校では規律が乱れてきており、今では多くの児童が授業をさぼる。
(D   ) is declining at the school, and many children now (s   ) classes.

85 彼の昆虫学の知識は、東南アジアに生息しているすべての昆虫にまでわたっている。
His (k   ) of entomology (e   ) to all insects that inhabit South East Asia.

86 彼が自分の学説のために実施した調査は、アラスカでの野外実験にまで及んだ。
The (r   ) he carried out for his (t   ) (e   ) to field experiments in Alaska.

87 その問題の原因を明らかにして、安全指針の更新を検討するための調査が行われた。
An (i   ) was held to discover the cause of the problem and discuss (u   ) the safety guidelines.

88 あなたが市場動向に関して収集したデータを、私の研究のために拝借してもいいですか。
May I (b   ) the (d   ) you gathered on market trends for my research?

89 彼はその調査期間中に、研究の引用資料を示すように求められた。
He was asked to (q   ) the sources of his (r   ) during the (i   ).

90 彼はその試験の間じゅうアインシュタインの相対性理論から引用した。
He (q   ) from Einstein's (T   ) of Relativity during the (e   ).

91 私のコンピュータープログラミングの知識は、時代遅れで

最新のものにする必要がある。
My (k　) of computer programming is outdated and needs (u　).

92 プライバシーの問題なので、われわれは社員業績の記録をつけるのをやめている。
We have (c　) keeping (r　) of employee performance owing to privacy issues.

93 われわれはその記事の詳細な記述が正確でないことに気づいた。
We (n　) that the (d　) provided in the (a　) were not accurate.

94 その書類には生産ラインをオートメーション化するための手順が述べられていた。
The (d　) (d　) the procedures for automating the production line.

95 聴衆は詳しい説明を期待していたが、彼は概略を述べただけだった。
The audience were (a　) a (d　) explanation, but all he gave was a (s　).

96 その製品の説明書が公開されているために、特許の申請は却下された。
The patent application was rejected because (d　) of the product are available in the public domain.

97 その記事は政府が海外旅行に関する報告書の公表を拒否したことを指摘した。
The (a　) (n　) that the government refused to release records on overseas trips.

98 私はこの簡単な要約の中でそのシステムの主要な機能を説明した。
I have (d　) the main functions of the system in this brief (s　).

99 著者は哲学と宗教の関係に言及した。
The (a   ) (r   ) to the relationship between (p   ) and (r   ).

100 私の信ずる宗教は飲酒を禁止している。
My (r   ) (p   ) me from drinking alcohol.

101 彼は一流大学で経済学の学位を取得した。
He (a   ) his (d   ) in economics from a major university.

102 彼は権威ある地位にあるがために、急進的な考え方に同調することができない。
His position of (a   ) (p   ) him from sympathizing with radical (p   ).

103 彼は神学校を卒業して、今では指導的な神学者とみなされている。
He (g   ) from a seminary, and is now considered a leading (s   ) of theology.

104 彼はそのギリシャの偉人たちの哲学に関する権威である。
He is an (a   ) on the (p   ) of the Greek masters.

105 彼はマクロ経済学に関する本の著者であるばかりか、その分野の学者でもある。
He is not only an (a   ) of books on macroeconomics, he is also a (s   ) on the subject.

第4章

人生・文化

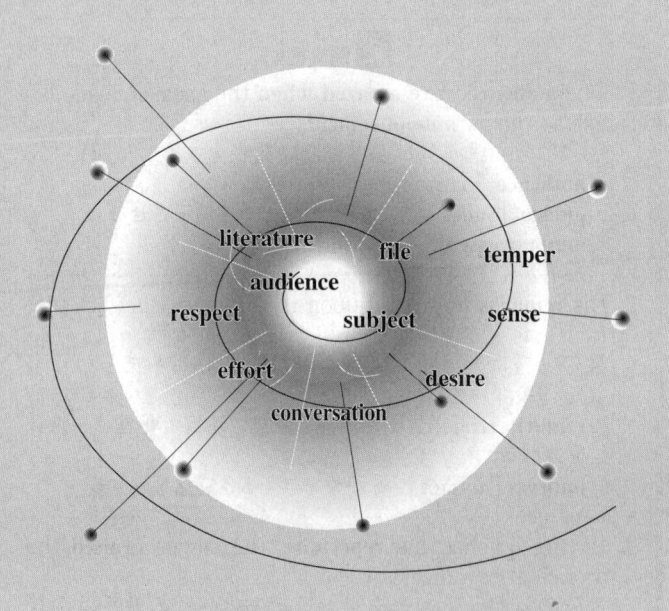

literature
file
temper
audience
respect
sense
subject
effort
desire
conversation

57

- repertoire
- lecture
- remark
- auditorium
- **audience**
- announcement
- praise
- amaze
- impress
- remind

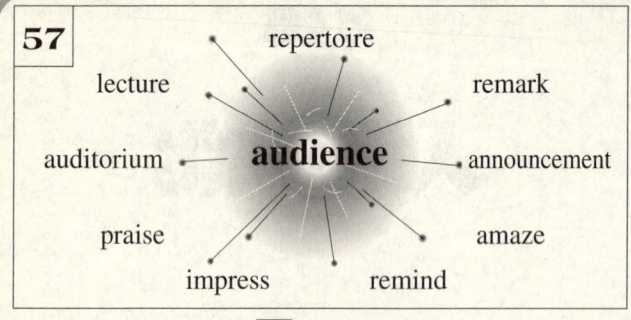

🏠 例文観察

1. The **audience** were **amazed** when the speaker made his extraordinary **announcement**.
   聴衆はその講演者が途方もない発表をするのに驚いた。
   - □ **audience** [ɔ́ːdiəns] 图 聴衆、観衆
   - □ **amaze** [əméiz] 動 びっくりさせる、驚嘆させる
   - □ **announcement** [ənáunsmənt] 图 発表、公表

2. His **remarks impressed** upon the listeners the fact that racism is wicked.
   彼の発言は聞き手に人種差別はひどいことだという事実を印象づけた。
   - □ **remark** [rimάːrk] 图 所見、意見、注目 動 言う、意見を述べる
   - □ **impress** [imprés] 動 印象を与える、感銘を与える

3. Having finished his **repertoire**, the singer **praised** the proficient organizers.
   自分のレパートリーを歌い終えると、その歌手は手ぎわのよい主催者をほめた。

172

□ **repertoire** [répərtwàːr] 名 レパートリー
□ **praise** [préiz] 動 ほめる 名 ほめること、賞賛

---

4. The master of ceremonies **reminded** the **audience** to switch off all cellular phones.
司会者は聴衆に、すべての携帯電話のスイッチを忘れずに切るよう注意した。
□ **remind** [rimáind] 動 気づかせる、思い出させる、念を押す

---

5. He was **amazed** to see the **auditorium** full for his **lecture**.
彼は講堂が自分の講演を聞きにきた人でいっぱいなのを見て驚いた。
□ **auditorium** [ɔ̀ːditɔ́ːriəm] 名 講堂、公会堂、観客席
□ **lecture** [léktʃər] 名 講演、講義、説教 動 講演をする

---

6. Your **remarks** about customer loyalty were of particular interest and **impressed** me greatly.
顧客の信頼についてのあなたの意見は特に興味深く、大いに感銘を受けました。

---

7. You must **remind** me when your next **lecture** is to be held.
あなたの次回の講演が開かれるときは、ぜひ私に声をかけてください。

次のページで爆発する単語は⇨ **subject**

第4章 人生・文化

58

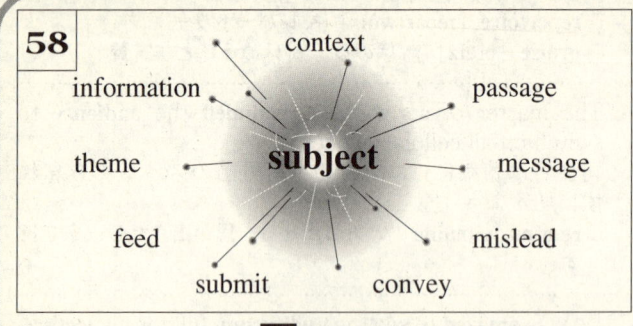

- context
- information
- passage
- theme
- **subject**
- message
- feed
- mislead
- submit
- convey

🏠 例文観察

1. I have to **submit** a list of the **subjects** I want to take next semester.
   私は来学期に受講したい科目のリストを提出しなければならない。
   □ **submit** [səbmít] 動 提出する、服従する、服従させる
   □ **subject** [sʌ́bdʒekt] 名 学科、科目、主題

---

2. The **message** that I was intending to get across was taken out of **context**.
   私が伝えたいと思っていたメッセージは、前後関係を無視して受け取られた。
   □ **message** [mésidʒ] 名 伝言、通達
   □ **context** [kɑ́ntekst] 名 前後関係、文脈

---

3. The company **fed** the stockholders with false **information**.
   その会社は株主に虚偽の情報を流した。
   □ **feed** [fíːd] 動 供給する、(えさ・情報を)与える
   □ **information** [ìnfərméiʃən] 名 情報、案内書

4. The main **theme** of his speech was a **message** of peace.
   彼の演説の主要テーマは平和のメッセージだった。
   □ **theme** [θíːm] 图 主題、テーマ

5. He read a **passage** from his new book, and asked if it succeeded in **conveying** his intentions.
   彼は自分の新刊書の1節を読み、意図したものがうまく伝わったかどうか尋ねた。
   □ **passage** [pǽsidʒ] 图 1節、通路、通行
   □ **convey** [kənvéi] 動 伝える、運ぶ

6. The **information fed** to the mass media was intended to **mislead** them.
   マスコミに流されたその情報は、彼らを惑わそうと意図されたものだった。
   □ **mislead** [mìslíːd] 動 誤解させる、誤った方向に導く

7. The **message conveyed** a list of the **information** that must be **submitted** before the deadline.
   そのメッセージは、締め切り前に提出しなければならない情報のリストを伝えていた。

次のページで爆発する単語は⇨ **file**

59

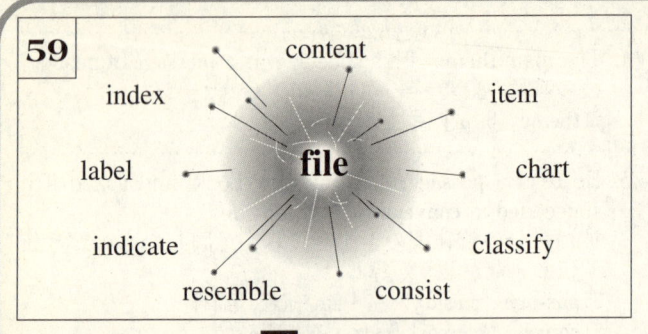

```
                content
    index                    item
    label        file        chart
    indicate                 classify
          resemble   consist
```

例文観察

1. The **label** on the **file indicates** the **contents**.
   そのファイルに貼ってあるラベルは内容を示している。
   - □ **label** [léibl] 名 ラベル、札 動 ラベルをはる
   - □ **file** [fáil] 名 とじ込み帳、ファイル、縦の列 動 とじ込みにする
   - □ **indicate** [índikèit] 動 指し示す、〜の徴候である
   - □ **content** [kántent] 名 (複数形で)中身、内容、目次

2. I want you to **classify** all of these **items** into separate **indexes** alphabetically.
   あなたにこれらの項目をすべてアルファベット順に別々の索引に分類してもらいたい。
   - □ **classify** [klǽsəfài] 動 分類する
   - □ **item** [áitəm] 名 項目、品目
   - □ **index** [índeks] 名 索引(複数形は indexes または indices)

3. The sales **chart** for this month closely **resembles** the one for last month.
   今月の売り上げチャートは先月のとよく似ている。

□ **chart** [tʃɑ́ːrt] 名 グラフ、図表、チャート
□ **resemble** [rizémbl] 動 似ている

---

4. This **file consists** of all transactions carried out for the last fiscal year.
   このファイルには昨会計年度に達成された取引のすべてが収められている。
   □ **consist** [kənsíst] 動 (〜から)成り立つ、(〜に)ある

5. All clients are **classified** into sales regions and kept in separate **files**.
   すべての顧客情報は販売地域ごとに分類され、別々のファイルに保存されている。

---

6. The name on the **label** does not match the name in the **index**.
   ラベルに書かれている名前は索引に載っている名前と一致しない。

---

7. Although these **files resemble** each other, they each **consist** of different **contents** that are **indicated** on the **labels**.
   これらのファイルは似かよっているが、それぞれのラベルに示されている別々の項目が収められている。

次のページで爆発する単語は⇨ **literature**

第4章 人生・文化　177

60

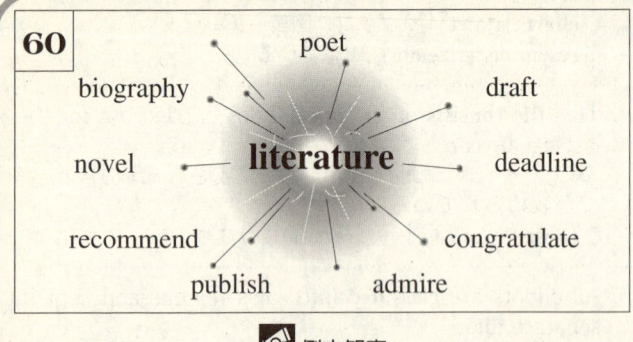

- poet
- biography
- draft
- novel
- **literature**
- deadline
- recommend
- congratulate
- publish
- admire

例文観察

1. I **admire** him as a **poet**, but I prefer contemporary **literature**.
   私は詩人としての彼を尊敬していますが、現代文学のほうが好きです。
   - □ **admire** [ədmáiər] 動 敬服する、感心する
   - □ **poet** [póuət] 名 詩人
   - □ **literature** [lítərətʃər] 名 文学

2. I don't read many **novels**, but I can **recommend** some wonderful **biographies**.
   私は小説をあまり読みませんが、すばらしい伝記ならいくつか推薦できます。
   - □ **novel** [návl] 名 (長編)小説
   - □ **recommend** [rèkəménd] 動 推薦する、推奨する、奨励する
   - □ **biography** [baiágrəfi] 名 伝記

3. A party was held to **congratulate** him on **publishing** his first novel.

処女小説を出版したことで彼を祝うパーティーが開かれた。
- **congratulate** [kəngrǽtʃəlèit] 動 祝う
- **publish** [pʌ́bliʃ] 動 出版する、発表する

---

4. He missed the **deadline** for the first **draft**, but the book was still **published** on schedule.
   彼は初稿の締め切りに間に合わなかったが、その本はそれでも予定通り出版された。
   - **deadline** [dédlàin] 名 締め切り、期限
   - **draft** [drǽft] 名 草稿、下書き

---

5. He is greatly **admired** by the public as a leading figure in the field of **literature**.
   彼は文壇の巨匠として大衆から大いに尊敬されている。

---

6. His editor read through the **draft** of his manuscript and **recommended** a few alterations.
   担当の編集者は彼の原稿の下書きを最後まで読み、2、3か所手直しするよう勧めた。

---

7. Her **biography** is brilliant and reads like a **novel**.
   彼女の伝記は華やかで、小説のようにおもしろく読める。

次のページで爆発する単語は⇨ **respect**

61

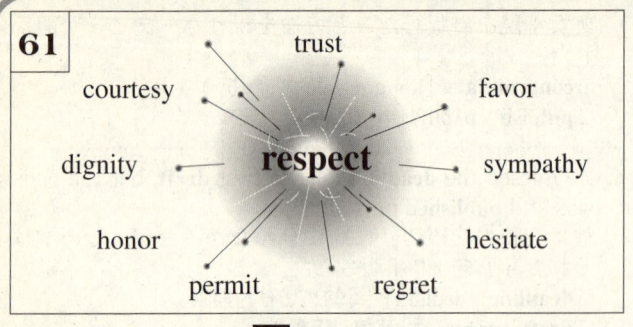

- trust
- courtesy
- favor
- dignity
- **respect**
- sympathy
- honor
- hesitate
- permit
- regret

🏠 例文観察

1. **Permit** me the **courtesy** of paying my **respects** to your mother.
   どうぞお母様によろしくお伝えください。
   - □ **permit** [pərmít] 動 許す、許可する
   - □ **courtesy** [kə́:rtəsi] 名 礼儀正しいこと、儀礼、寛大
   - □ **respect** [rispékt] 名 尊敬、尊重、伝言 動 尊敬する、尊重する

2. He **hesitated** to display **sympathy** in case it damaged his **dignity**.
   彼は自分の威厳が傷つくのを恐れて、同情の気持ちを表すのをためらった。
   - □ **hesitate** [hézitèit] 動 ためらう、躊躇する
   - □ **sympathy** [símpəθi] 名 同情、共感
   - □ **dignity** [dígnəti] 名 威厳、品位

3. I **hesitate** to place my **trust** in him owing to his past record.
   私は、経歴ゆえに彼を信頼することに躊躇する。

- **trust** [trʌ́st] 名 信用、信頼、委託 動 信用する、確信する

---

4. I sincerely **regret** granting him **favors** in the past now that he shows me no **sympathy**.
   今や彼がまったく思いやりを示してくれないので、私はこれまで彼に好意を寄せたことを心から後悔している。
   - **regret** [rigrét] 動 後悔する、残念に思う 名 後悔、遺憾
   - **favor** [féivər] 名 好意、是認、親切な行為 動 賛成する

---

5. They **honored** my **trust** in them by asking me to deliver a speech at their wedding.
   2人は私の彼らに対する信頼に敬意を表して、結婚式でスピーチをするよう頼んできた。
   - **honor** [ánər] 動 栄誉を授ける、敬意を表す 名 名誉、尊敬

---

6. She was not **permitted** the **dignity** of contacting her lawyer after she was arrested.
   彼女は逮捕されたのち、不当にも自分の弁護士に連絡を取ることが許されなかった。

---

7. I showed him **respect** out of **sympathy** for his unfortunate bankruptcy.
   彼の不運な倒産に対する同情心から、彼を丁重に扱った。

次のページで爆発する単語は⇨ **effort**

62

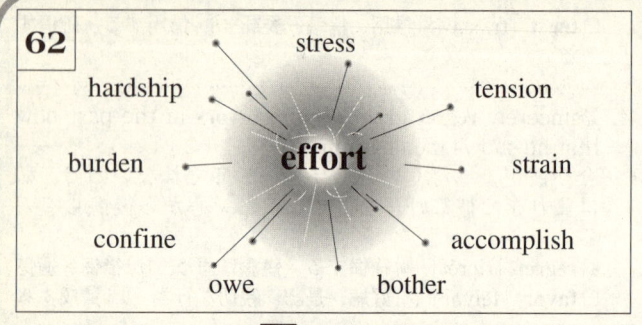

- stress
- hardship
- tension
- burden
- **effort**
- strain
- confine
- accomplish
- owe
- bother

🏠 例文観察

1. Don't **bother** to waste **effort** on arranging anything for my birthday.
   私の誕生日のために何かを用意するなど、お気遣いには及びません。
   □ **bother** [báðər] 動 面倒をかける、困らせる、思い悩む 名 面倒、悩みの種
   □ **effort** [éfərt] 名 努力、骨折り

2. He **accomplished** many things in his life, but also suffered many cruel **hardships**.
   彼は生涯に多くのことをやり遂げたが、多くのひどい苦難も経験した。
   □ **accomplish** [əkámpliʃ] 動 成し遂げる
   □ **hardship** [háːrdʃip] 名 苦難、困窮

3. She was **confined** to the hotel during the terrorist attack, which placed her under much **strain**.
   彼女はテロリストの攻撃の間ずっとそのホテルに閉じ込められたが、そのために非常な緊張下に置かれた。

- □ **confine** [kənfáin] 動 閉じ込める、監禁する、制限する
- □ **strain** [stréin] 名 緊張、過労　動 最大限に使う、緊張させる

---

4. The fact that he **owes** me several million yen is placing a **strain** on our relationship.
   彼が私に数百万円の借金をしているという事実は、われわれの関係に緊張を与えている。
   - □ **owe** [óu] 動 借りている、～のおかげである、(義務などを)負っている

---

5. The **burden** of his debt is giving him much **stress**.
   借金の重荷は彼に大変なストレスを与えている。
   - □ **burden** [bə́ːrdn] 名 荷(物)、重荷　動 (重荷・負担を)負わせる
   - □ **stress** [strés] 名 緊張、ストレス、圧迫

---

6. Although the meeting was full of **tension**, they **accomplished** many things on the road to peace.
   その会議は緊張に満ちていたが、和平への道のりにかかわる多くのことをやり遂げた。
   - □ **tension** [ténʃən] 名 緊張、ぴんと張ること

---

7. The **hardship** of owing so much money has placed him under serious **stress**.
   そんな大金を借りているという苦境が、彼には深刻なストレスになっている。

次のページで爆発する単語は⇨**conversation**

第4章　人生・文化

63

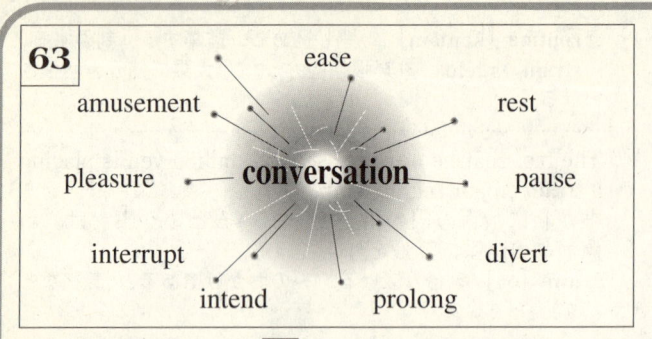

```
            ease
amusement         rest
pleasure  conversation  pause
  interrupt        divert
      intend  prolong
```

🏠 例文観察

1. Our **conversation** was **interrupted**, but it was an extreme **pleasure** to speak to him.
   私たちの会話は中断されてしまったが、彼と話すのは非常に楽しかった。
   □ **conversation** [kànvərséiʃən] 名 会話、対談
   □ **interrupt** [ìntərʌ́pt] 動 邪魔をする、中断する
   □ **pleasure** [pléʒər] 名 喜び、楽しいこと

---

2. I appreciate the efforts he makes, but they are sometimes a source of **amusement**.
   私は彼の努力を高く評価するが、その努力は時として喜びのもとなのだ。
   □ **amusement** [əmjúːzmənt] 名 楽しみ、愉快、娯楽

---

3. We were **intending** to arrive early and have a **rest**, but our airplane was **diverted** to Nagoya.
   私たちは早めに着いてひと休みするつもりでいたが、乗っていた飛行機が名古屋へと進路を変更させられた。
   □ **intend** [inténd] 動 意図する、〜するつもりである、予定

である
□ **rest** [rést] 图 休息、安楽 動 休む
□ **divert** [dəvə́ːrt] 動 方向転換する、わきへそらす

---

4. A **pause** in the **conversation** built up the tension, but he managed to get his point across with **ease**.
会話が途切れて気まずい雰囲気が生まれたが、彼は容易にポイントを理解させることができた。
□ **pause** [pɔ́ːz] 图 休止、中断
□ **ease** [íːz] 图 容易さ、気楽さ

---

5. She **prolonged** her speech and spoke without **pause**.
彼女は演説を引き延ばし、休みなくしゃべりまくった。
□ **prolong** [prəlɔ́(ː)ŋ] 動 延長する、長くする

---

6. He used the **rest** in the **conversation** to **interrupt** and **divert** the subject onto Hollywood movies.
彼は会談の休憩を利用して話を中断し、話題をハリウッド映画に変えた。

---

7. The **pleasure** the party gave us was sincerely appreciated.
私たちは楽しかったそのパーティーに心から感謝した。

次のページで爆発する単語は⇨ **desire**

64

- courage
- vigor
- momentum
- ambition
- **desire**
- appetite
- discourage
- pursue
- marry
- aim

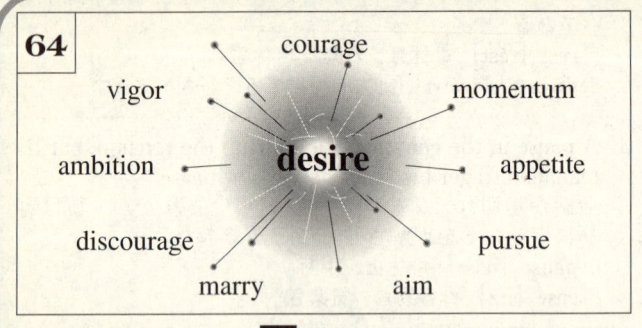

例文観察

1. Her **desire** for success has increased her **appetite** for hard work.
   彼女は出世したいがために、進んできつい仕事を引き受けている。
   □ **desire** [dizáiər] 名 願望、要望、望みのもの 動 強く望む
   □ **appetite** [ǽpitàit] 名 欲求、食欲

2. His **courage** to propose was born from his **desire** to **marry** her.
   彼がプロポーズする勇気は、彼女と結婚したいという一念から生まれた。
   □ **courage** [kə́:ridʒ] 名 勇気
   □ **marry** [mǽri] 動 ～と結婚する

3. I find that eating between meals **discourages** my **appetite**.
   私には間食すると食欲が減退することがわかっている。
   □ **discourage** [diskə́:ridʒ] 動 落胆させる、失わせる、邪魔する

4. The **ambition** he **aims** for with **vigor** is to obtain his pilot's license.
   彼が張り切って目指している夢は、パイロットのライセンスを取得することだ。
   □ **ambition** [æmbíʃən] 名 大望、野心
   □ **aim** [éim] 動 目指す、ねらう、向ける　名 ねらい、目標
   □ **vigor** [vígər] 名 活動力、精力、元気

5. The **momentum** you use to **pursue** your hobbies should be channeled into your work.
   君があれこれ趣味を追うのに費やす精力は、仕事に向けられるべきだ。
   □ **momentum** [mouméntəm] 名 はずみ、勢い
   □ **pursue** [pərs(j)úː] 動 追う、追い求める、従事する

6. The **courage** he displayed reporting on the conflict has added **momentum** to his career.
   彼はその紛争報道で勇気を発揮したことで、キャリアにはずみがついた。

7. The **vigor** he shows during work proves that he is **married** to his job.
   仕事中に彼が見せる迫力は、彼が仕事に没頭していることの証明だ。

次のページで爆発する単語は⇨　**sense**

第4章　人生・文化

65

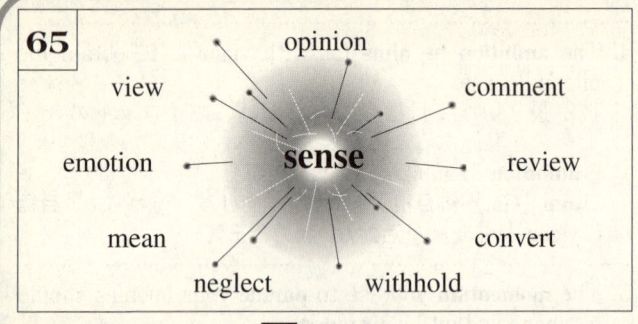

- opinion
- view
- comment
- emotion
- **sense**
- review
- mean
- convert
- neglect
- withhold

🏠 例文観察

1. His speech contained a **sense** of humor that gave people a clearer **view** of the issues.
   彼の演説には、問題点のより明快な見方を人々に教えるユーモアのセンスが含まれていた。
   □ **sense** [séns] 名 感覚、認識力、感じ
   □ **view** [vjú:] 名 見方、意見、眺め（261ページ参照）

2. I wish to **withhold** my **opinion** until a full **review** is available.
   詳細な批評記事が手に入るまで私の意見は差し控えたいと思います。
   □ **withhold** [wiðhóuld] 動 保留する、抑える
   □ **opinion** [əpínjən] 名 意見、考え
   □ **review** [rivjú:] 名 批評、論評、復習 動 批評する、復習する（151ページ参照）

3. His **comments** were **meant** to stimulate the readers' **emotions**.
   彼の論評は読者の感情を刺激するためのものだった。

- □ **comment** [kάment] 名論評、解説 動批評する
- □ **mean** [míːn] 動意味する、〜のつもりで言う
- □ **emotion** [imóuʃən] 名感情、感動

---

4. Your **views neglect** to take into consideration the downturn in the economy.
あなたの意見は、景気の悪化を考慮に入れるのを忘れています。
   - □ **neglect** [niglékt] 動〜し忘れる、〜しないでおく、無視する 名無視、怠慢

---

5. Reading the **review** has **converted** me to the belief that the project will be successful.
私はその評論を読んで考えが変わり、きっとその事業は成功するだろうと思っている。
   - □ **convert** [kənvə́ːrt] 動変える、改宗させる、転換する

---

6. He was obviously angered by the allegations, but **withheld comment**.
彼はその申し立てに明らかに腹を立てたが、コメントは差し控えた。

---

7. It is difference of **opinion** that makes horse races.
見解の相違というものがあるからこそ、競馬は成り立つのだ。(マーク・トウェイン)

次のページで爆発する単語は⇨ **temper**

66

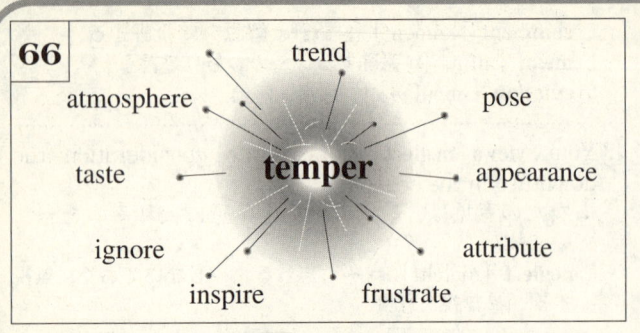

trend, atmosphere, pose, taste, **temper**, appearance, ignore, attribute, inspire, frustrate

例文観察

1. Her quick **temper** can be **attributed** to the breakdown of her marriage.
   彼女のすぐかっとなる性格は、結婚生活の破綻のせいだと考えられる。
   □ **temper** [témpər] 名 気質、気性、気分
   □ **attribute** [ətríbju:t] 動 ～のせいにする、～にあると考える

2. Market **trends frustrated** his plans for getting rich.
   市場の動向のために、彼の金持ちになる計画はだめになった。
   □ **trend** [trénd] 名 傾向、動向、流行
   □ **frustrate** [frʌ́streit] 動 失望させる、だめにする、挫折させる

3. He has the **appearance** of **inspiring** confidence, but it is mostly just a **pose**.
   彼は見かけは自信満々だが、たいてい格好をつけているだけだ。

- □ **appearance** [əpíərəns] 名 外見、様子、出現
- □ **inspire** [inspáiər] 動 鼓舞する、(考えを)抱かせる、感激させる
- □ **pose** [póuz] 名 ポーズ、姿勢、見せかけ

---

4. He **ignores** the **trends** in fashion, but still seems to have good **taste** in clothes.
   彼はファッションの流行に無頓着だが、それでも着るもののセンスはよさそうだ。
   - □ **ignore** [ignɔ́:r] 動 無視する、怠る
   - □ **taste** [téist] 名 味、好み 動 味見をする、〜の味がする

---

5. The tense **atmosphere** during the meeting **frustrated** my plans for voicing my opinions.
   会議中の緊迫した雰囲気のために、私が意見を表明する計画は挫折した。
   - □ **atmosphere** [ǽtməsfìər] 名 雰囲気、空気、大気

---

6. Her **taste** in art **inspired** my interest in the subject.
   彼女の美術の審美眼によって、私はそのテーマへの興味をかき立てられた。

---

7. The restless **atmosphere** in the room was **attributed** to the **temper** of the hostess.
   室内の落ち着きのない雰囲気は、その女主人の気性のせいだと考えられた。

202ページで爆発する単語は⇨ health

第4章 人生・文化

Review Quiz

第4章

1 聴衆はその講演者が途方もない発表をするのに驚いた。
The (a   ) were (a   ) when the speaker made his extraordinary (a   ).

2 彼の発言は聞き手に人種差別はひどいことだという事実を印象づけた。
His (r   ) (i   ) upon the listeners the fact that racism is wicked.

3 自分のレパートリーを歌い終えると、その歌手は手ぎわのよい主催者をほめた。
Having finished his (r   ), the singer (p   ) the proficient organizers.

4 司会者は聴衆に、すべての携帯電話のスイッチを忘れずに切るよう注意した。
The master of ceremonies (r   ) the (a   ) to switch off all cellular phones.

5 彼は講堂が自分の講演を聞きにきた人でいっぱいなのを見て驚いた。
He was (a   ) to see the (a   ) full for his (l   ).

6 顧客の信頼についてのあなたの意見は特に興味深く、大いに感銘を受けました。
Your (r   ) about customer loyalty were of particular interest and (i   ) me greatly.

7 あなたの次回の講演が開かれるときは、ぜひ私に声をかけてください。
You must (r   ) me when your next (l   ) is to be held.

8 私は来学期に受講したい科目のリストを提出しなければならない。

P.172
〜
P.173

P.174
〜
P.175

I have to (s   ) a list of the (s   ) I want to take next semester.

9 私が伝えたいと思っていたメッセージは、前後関係を無視して受け取られた。
The (m   ) that I was intending to get across was taken out of (c   ).

10 その会社は株主に虚偽の情報を流した。
The company (f   ) the stockholders with false (i   ).

11 彼の演説の主要テーマは平和のメッセージだった。
The main (t   ) of his speech was a (m   ) of peace.

12 彼は自分の新刊書の1節を読み、意図したものがうまく伝わったかどうか尋ねた。
He read a (p   ) from his new book, and asked if it succeeded in (c   ) his intentions.

13 マスコミに流されたその情報は、彼らを惑わそうと意図されたものだった。
The (i   ) (f   ) to the mass media was intended to (m   ) them.

14 そのメッセージは、締め切り前に提出しなければならない情報のリストを伝えていた。
The (m   ) (c   ) a list of the (i   ) that must be (s   ) before the deadline.

15 そのファイルに貼ってあるラベルは内容を示している。　P.176 / P.177
The (l   ) on the (f   ) (i   ) the (c   ).

16 あなたにこれらの項目をすべてアルファベット順に別々の索引に分類してもらいたい。
I want you to (c   ) all of these (i   ) into separate (i   ) alphabetically.

17 今月の売り上げチャートは先月のとよく似ている。

The sales (c　　) for this month closely (r　　) the one for last month.

18 このファイルには昨会計年度に達成された取引のすべてが収められている。
This (f　　) (c　　) of all transactions carried out for the last fiscal year.

19 すべての顧客情報は販売地域ごとに分類され、別々のファイルに保存されている。
All clients are (c　　) into sales regions and kept in separate (f　　).

20 ラベルに書かれている名前は索引に載っている名前と一致しない。
The name on the (l　　) does not match the name in the (i　　).

21 これらのファイルは似かよっているが、それぞれのラベルに示されている別々の項目が収められている。
Although these (f　　) (r　　) each other, they each (c　　) of different (c　　) that are (i　　) on the (l　　).

22 私は詩人としての彼を尊敬していますが、現代文学のほうが好きです。
I (a　　) him as a (p　　), but I prefer contemporary (l　　).

P.178
～
P.179

23 私は小説をあまり読みませんが、すばらしい伝記ならいくつか推薦できます。
I don't read many (n　　), but I can (r　　) some wonderful (b　　).

24 処女小説を出版したことで彼を祝うパーティーが開かれた。
A party was held to (c　　) him on (p　　) his first novel.

25 彼は初稿の締め切りに間に合わなかったが、その本はそれでも予定通り出版された。
He missed the (d　　) for the first (d　　), but the book was still (p　　) on schedule.

26 彼は文壇の巨匠として大衆から大いに尊敬されている。
He is greatly (a　　) by the public as a leading figure in the field of (l　　).

27 担当の編集者は彼の原稿の下書きを最後まで読み、2、3か所手直しするよう勧めた。
His editor read through the (d　　) of his manuscript and (r　　) a few alterations.

28 彼女の伝記は華やかで、小説のようにおもしろく読める。
Her (b　　) is brilliant and reads like a (n　　).

29 どうぞお母様によろしくお伝えください。
(P　　) me the (c　　) of paying my (r　　) to your mother.

P.180
〜
P.181

30 彼は自分の威厳が傷つくのを恐れて、同情の気持ちを表すのをためらった。
He (h　　) to display (s　　) in case it damaged his (d　　).

31 私は、経歴ゆえに彼を信頼することに躊躇する。
I (h　　) to place my (t　　) in him owing to his past record.

32 今や彼がまったく思いやりを示してくれないので、私はこれまで彼に好意を寄せたことを心から後悔している。
I sincerely (r　　) granting him (f　　) in the past now that he shows me no (s　　).

33 2人は私の彼らに対する信頼に敬意を表して、結婚式でスピーチをするよう頼んできた。
They (h　　) my (t　　) in them by asking me to

第4章 人生・文化

deliver a speech at their wedding.

34 彼女は逮捕されたのち、不当にも自分の弁護士に連絡を取ることが許されなかった。
She was not (p　　) the (d　　) of contacting her lawyer after she was arrested.

35 彼の不運な倒産に対する同情心から、彼を丁重に扱った。
I showed him (r　　) out of (s　　) for his unfortunate bankruptcy.

36 私の誕生日のために何かを用意するなど、お気遣いには及びません。
Don't (b　　) to waste (e　　) on arranging anything for my birthday.

37 彼は生涯に多くのことをやり遂げたが、多くのひどい苦難も経験した。
He (a　　) many things in his life, but also suffered many cruel (h　　).

38 彼女はテロリストの攻撃の間ずっとそのホテルに閉じ込められたが、そのために非常な緊張下に置かれた。
She was (c　　) to the hotel during the terrorist attack, which placed her under much (s　　).

39 彼が私に数百万円の借金をしているという事実は、われわれの関係に緊張を与えている。
The fact that he (o　　) me several million yen is placing a (s　　) on our relationship.

40 借金の重荷は彼に大変なストレスを与えている。
The (b　　) of his debt is giving him much (s　　).

41 その会議は緊張に満ちていたが、和平への道のりにかかわる多くのことをやり遂げた。
Although the meeting was full of (t　　), they (a　　) many things on the road to peace.

P.182
〜
P.183

42 そんな大金を借りているという苦境が、彼には深刻なストレスになっている。
The (h   ) of owing so much money has placed him under serious (s   ).

43 私たちの会話は中断されてしまったが、彼と話すのは非常に楽しかった。
Our (c   ) was (i   ), but it was an extreme (p   ) to speak to him.

44 私は彼の努力を高く評価するが、その努力は時として喜びのもとなのだ。
I appreciate the efforts he makes, but they are sometimes a source of (a   ).

45 私たちは早めに着いてひと休みするつもりでいたが、乗っていた飛行機が名古屋へと進路を変更させられた。
We were (i   ) to arrive early and have a (r   ), but our airplane was (d   ) to Nagoya.

46 会話が途切れて気まずい雰囲気が生まれたが、彼は容易にポイントを理解させることができた。
A (p   ) in the (c   ) built up the tension, but he managed to get his point across with (e   ).

47 彼女は演説を引き延ばし、休みなくしゃべりまくった。
She (p   ) her speech and spoke without (p   ).

48 彼は会談の休憩を利用して話を中断し、話題をハリウッド映画に変えた。
He used the (r   ) in the (c   ) to (i   ) and (d   ) the subject onto Hollywood movies.

49 私たちは楽しかったそのパーティーに心から感謝した。
The (p   ) the party gave us was sincerely appreciated.

50 彼女は出世したいがために、進んできつい仕事を引き受けている。
Her (d   ) for success has increased her (a   )

for hard work.

51 彼がプロポーズする勇気は、彼女と結婚したいという一念から生まれた。
His (c   ) to propose was born from his (d   ) to (m   ) her.

52 私には間食すると食欲が減退することがわかっている。
I find that eating between meals (d   ) my (a   ).

53 彼が張り切って目指している夢は、パイロットのライセンスを取得することだ。
The (a   ) he (a   ) for with (v   ) is to obtain his pilot's license.

54 君があれこれ趣味を追うのに費やす精力は、仕事に向けられるべきだ。
The (m   ) you use to (p   ) your hobbies should be channeled into your work.

55 彼はその紛争報道で勇気を発揮したことで、キャリアにはずみがついた。
The (c   ) he displayed reporting on the conflict has added (m   ) to his career.

56 仕事中に彼が見せる迫力は、彼が仕事に没頭していることの証明だ。
The (v   ) he shows during work proves that he is (m   ) to his job.

57 彼の演説には、問題点のより明快な見方を人々に教えるユーモアのセンスが含まれていた。
His speech contained a (s   ) of humor that gave people a clearer (v   ) of the issues.

58 詳細な批評記事が手に入るまで私の意見は差し控えたいと思います。
I wish to (w   ) my (o   ) until a full (r   ) is available.

59 彼の論評は読者の感情を刺激するためのものだった。
His (c   ) were (m   ) to stimulate the readers' (e   ).

60 あなたの意見は、景気の悪化を考慮に入れるのを忘れています。
Your (v   ) (n   ) to take into consideration the downturn in the economy.

61 私はその評論を読んで考えが変わり、きっとその事業は成功するだろうと思っている。
Reading the (r   ) has (c   ) me to the belief that the project will be successful.

62 彼はその申し立てに明らかに腹を立てたが、コメントは差し控えた。
He was obviously angered by the allegations, but (w   ) (c   ).

63 見解の相違というものがあるからこそ、競馬は成り立つのだ。(マーク・トウェイン)
It is difference of (o   ) that makes horse races.

64 彼女のすぐかっとなる性格は、結婚生活の破綻のせいだと考えられる。
Her quick (t   ) can be (a   ) to the breakdown of her marriage.

65 市場の動向のために、彼の金持ちになる計画はだめになった。
Market (t   ) (f   ) his plans for getting rich.

66 彼は見かけは自信満々だが、たいてい格好をつけているだけだ。
He has the (a   ) of (i   ) confidence, but it is mostly just a (p   ).

67 彼はファッションの流行に無頓着だが、それでも着るもの

P.190 〜 P.191

のセンスはよさそうだ。
He (i) the (t) in fashion, but still seems to have good (t) in clothes.

68 会議中の緊迫した雰囲気のために、私が意見を表明する計画は挫折した。
The tense (a) during the meeting (f) my plans for voicing my opinions.

69 彼女の美術の審美眼によって、私はそのテーマへの興味をかき立てられた。
Her (t) in art (i) my interest in the subject.

70 室内の落ち着きのない雰囲気は、その女主人の気性のせいだと考えられた。
The restless (a) in the room was (a) to the (t) of the hostess.

第5章

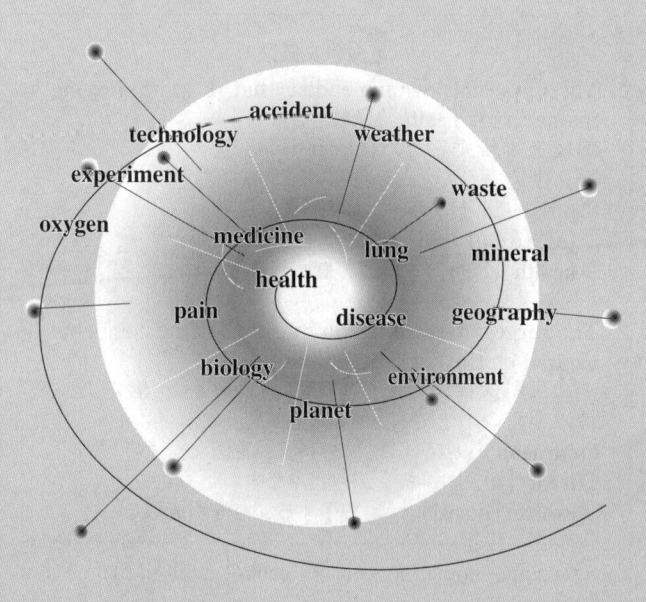

科学・医療

accident
technology weather
experiment waste
oxygen medicine lung mineral
health
pain disease geography
biology environment
planet

67

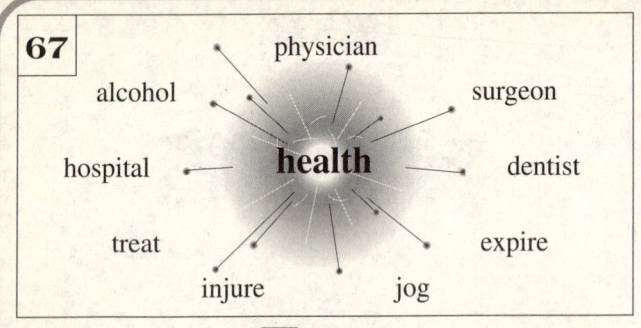

- physician
- alcohol
- surgeon
- hospital — **health** — dentist
- treat
- expire
- injure
- jog

📖 例文観察

1. My **physician** recommended that I start **jogging** to maintain my **health**.
   健康を維持するためにジョギングを始めるよう、主治医に勧められた。
   - **physician** [fizíʃən] 名 内科医、医者
   - **jog** [dʒág] 動 ジョギングする、揺り動かす
   - **health** [hélθ] 名 健康、健康状態

---

2. The **surgeon treated** his injuries as best he could, but he **expired** on the operating table.
   その外科医は全力を尽くして彼のけがを治療したが、彼は手術台の上で息を引き取った。
   - **surgeon** [sə́ːrdʒən] 名 外科医、軍医
   - **treat** [tríːt] 動 扱う、～とみなす
   - **expire** [ikspáiər] 動 終了する、息を引き取る

---

3. Excessive consumption of **alcohol** will damage your health.
   酒の飲み過ぎは健康を害しますよ。

□ **alcohol** [ǽlkəhɔ̀(:)l] 名 アルコール、アルコール飲料、酒

4. My **dentist** sends me a reminder every six month to **jog** my memory about a check-up.
   かかりつけの歯医者が6か月ごとに検査のお知らせを送ってくる。
   □ **dentist** [déntəst] 名 歯科医、歯医者

5. He **injured** his leg quite badly and was admitted to **hospital**.
   彼は足に大けがをして病院に担ぎ込まれた。
   □ **injure** [índʒər] 動 けがをさせる、痛める
   □ **hospital** [háspitl] 名 病院

6. The **surgeon** was reprimanded for drinking **alcohol** in the **hospital**.
   その外科医は病院内で飲酒したかどで戒告を受けた。

7. My dog was **injured** in a car accident, and **expired** before we could get him to a vet.
   私の犬は自動車事故でけがをし、私たちが獣医に連れて行く前に死んだ。

次のページで爆発する単語は⇨ **disease**

68

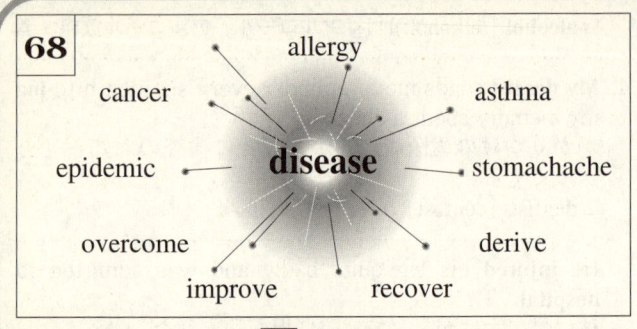

- allergy
- cancer
- asthma
- epidemic — **disease** — stomachache
- overcome
- derive
- improve
- recover

🏠 例文観察

1. The **disease derives** from unsanitary conditions, but she should **recover** fully.
   その病気は不衛生な環境で起こるが、彼女は完全に回復するはずだ。
   - □ **disease** [dizíːz] 图 病気、疾患
   - □ **derive** [diráiv] 動 由来する、引き出す、推論する
   - □ **recover** [rikʌ́vər] 動 取り戻す、回復する

---

2. He seems to have **recovered** from throat **cancer**, but we don't know if he has **overcome** it.
   彼は咽頭がんから回復したようだが、完治したのかどうか私たちにはわからない。
   - □ **cancer** [kǽnsər] 图 がん、かに座
   - □ **overcome** [òuvərkʌ́m] 動 打ち勝つ、克服する

---

3. The **epidemic derived** from bacteria that resides in the stomachs of chickens.
   その伝染病はニワトリの胃の中にいるバクテリアで起こった。

- □ **epidemic** [èpidémik] 名 伝染病、流行 形 伝染性の、流行している

---

4. My **stomachache** has **improved**, but I still have a slight fever.
   腹痛はおさまったのですが、まだ微熱があります。
   - □ **stomachache** [stʌ́məkèik] 名 腹痛、胃痛
   - □ **improve** [imprúːv] 動 改良する、進歩させる

---

5. He has an **allergy** to house dust, which aggravates his **asthma**.
   彼にはハウスダストに対するアレルギーがあって、それが喘息を悪化させる。
   - □ **allergy** [ǽlərdʒi] 名 アレルギー、異常敏感症
   - □ **asthma** [ǽzmə] 名 喘息

---

6. The **disease** has turned into **epidemic** proportions, with many schools in our area closed.
   その病気は大流行して、われわれの地域では多くの学校が閉鎖している。

---

7. She will try anything to **overcome** her **allergy** to cedar pollen.
   彼女はスギ花粉アレルギーを克服するためなら、何でもするつもりだ。

次のページで爆発する単語は ⇨ **lung**

第5章 科学・医療

69

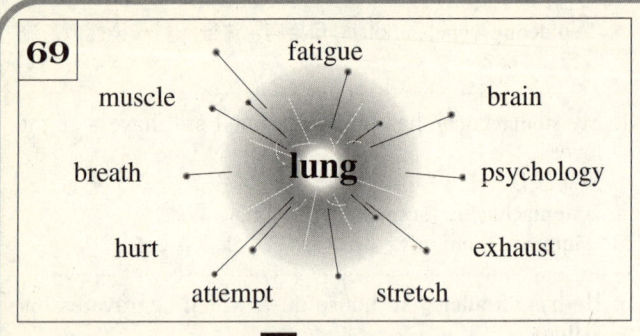

fatigue · muscle · brain · breath · **lung** · psychology · hurt · exhaust · attempt · stretch

📖 例文観察

1. He **hurt** his ribs during the fall, and he is worried about his **lungs**.
   彼は落下するときに肋骨を痛めたので、肺のことを心配している。
   □ **hurt** [hə́ːrt] 動 傷つける、感情を害する、痛む 名 傷、苦痛
   □ **lung** [lʌ́ŋ] 名 肺

2. The marathon **exhausted** him, and he was hospitalized with **fatigue**.
   そのマラソンで彼は消耗し、疲労で入院した。
   □ **exhaust** [igzɔ́ːst] 動 消耗させる 名 排気
   □ **fatigue** [fətíːg] 名 疲労、苦労

3. I **stretched** several **muscles** in my back when I **attempted** to lift the piano.
   私はピアノを持ち上げようとして、背筋を伸ばした。
   □ **stretch** [strétʃ] 動 引き伸ばす、広げる
   □ **muscle** [mʌ́sl] 名 筋力、腕力

□ **attempt** [ətémpt] 名 試み、企て　動 試みる

---

4. The doctor is a specialist in **psychology** and claims that his **brain** was not damaged.
   その医者は心理学の専門家であり、彼の脳は損傷を受けなかったと主張している。
   □ **psychology** [saikálədʒi] 名 心理学
   □ **brain** [bréin] 名 脳、頭脳

---

5. She drank several cups of mint tea to get the smell of alcohol off her **breath**.
   彼女は息からアルコール臭さを取り除こうと、ミントティーを何杯も飲んだ。
   □ **breath** [bréθ] 名 呼吸、息

---

6. The **fatigue** that builds up during heavy exercise may result in strained **muscles**.
   激しい運動の間に蓄積する疲労は、筋肉痛を起こすことがある。

---

7. The examination pushed his **brain** to the limits and **exhausted** him mentally.
   その試験のために彼は頭をぎりぎりまで使い切り、精根尽き果てた。

次のページで爆発する単語は⇨　**medicine**

70

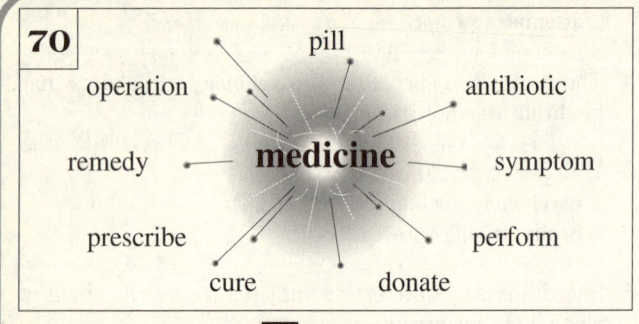

- pill
- operation
- antibiotic
- remedy
- **medicine**
- symptom
- prescribe
- perform
- cure
- donate

🏠 例文観察

1. His **symptoms** indicated the common cold, so the doctor **prescribed** some **medicine**.
   彼の症状は普通の風邪の徴候だったので、医者は多少の薬を処方した。
   - □ **symptom** [símptəm] 名 徴候、症状
   - □ **prescribe** [priskráib] 動 処方する、規定する
   - □ **medicine** [médəsn] 名 医薬、薬、医学

2. The **operation** was **performed** with a heart **donated** by the family of a car accident victim.
   その手術は自動車事故の犠牲者の家族から提供された心臓を用いて行われた。
   - □ **operation** [àpəréiʃən] 名 働き、操作、手術
   - □ **perform** [pərfɔ́ːrm] 動 実行する、上演する
   - □ **donate** [dóuneit] 動 寄付する、(臓器などを)提供する

3. The doctor **prescribed antibiotics**, but cannot guarantee they will **cure** me.
   医者は抗生物質を処方してくれたが、その薬が私に効

くという保証はない。
- **antibiotic** [æntaibaiátik] 名 (複数形で)抗生物質　形 抗生物質の
- **cure** [kjúər] 動 治療する　名 治療、治療薬

4. These **pills** will stop the pain, but they will not act as a **remedy**.
   これらの錠剤は痛みは止めるだろうが、治療するものではない。
   - **pill** [píl] 名 丸薬、錠剤、ピル
   - **remedy** [rémədi] 名 治療、解決策　動 治療する

5. I always carry a card indicating that I am willing to **donate** my organs in the event of an accident.
   私は万一事故に遭った場合は臓器を提供してもよいことを表すカードを常に持ち歩いている。

6. If the **medicine** doesn't work, we may have to **perform** an operation.
   もしその薬が効かなければ、われわれは手術をしなければならないだろう。

7. The **antibiotics performed** wonders on his chest infection.
   その抗生物質は彼の肺病にすばらしく効いた。

次のページで爆発する単語は⇨ **pain**

第5章　科学・医療

71

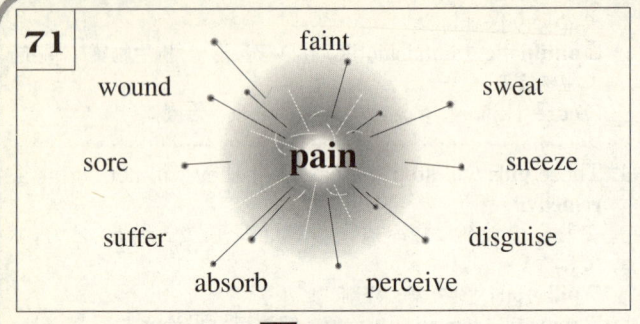

- faint
- wound
- sweat
- sore
- **pain**
- sneeze
- suffer
- disguise
- absorb
- perceive

例文観察

1. He is **suffering** a lot of **pain** since the accident, but the doctor says that will pass.
   彼はその事故以来激しい痛みに苦しんでいるが、医者は痛みはなくなるだろうと言っている。
   - □ **suffer** [sʌ́fər] 動 (苦痛を)受ける、こうむる
   - □ **pain** [péin] 名 苦痛、痛み、骨折り 動 痛む

---

2. His **sneezes** were **perceived** as heralding the start of the hay fever season.
   彼のくしゃみは、花粉症の季節の始まりを告げているものと思われた。
   - □ **sneeze** [sníːz] 名 くしゃみ 動 くしゃみをする
   - □ **perceive** [pərsíːv] 動 知覚する、気づく

---

3. Plastic surgery will **disguise** the **wound**, but will be very expensive.
   整形手術でその傷は隠れるだろうが、すごく費用がかかるだろう。
   - □ **disguise** [disɡáiz] 動 変装させる、偽る 名 変装、偽装

□ **wound** [wúːnd] 名傷、けが、痛手 動傷つける、(be 〜ed で)負傷する

---

4. The nurse wrapped a bandage around the **wound** to **absorb** the blood.
   看護師は止血のために傷口にぐるりと包帯を巻いた。
   □ **absorb** [əbsɔ́ːrb] 動吸収する、夢中にさせる

---

5. He had to stay in bed for two months, and he developed gradual **sores** on his back.
   彼は2か月間寝ていなければならなかったが、背中の痛みは徐々によくなった。
   □ **sore** [sɔ́ːr] 名触れると痛いところ、炎症箇所、苦痛の種 形痛い

---

6. I woke up covered in **sweat**, and experienced a **faint** on my way to the bathroom.
   私はぐっしょり汗をかいて目が覚め、トイレへ行く途中で失神した。
   □ **sweat** [swét] 名汗 動汗をかく
   □ **faint** [féint] 名失神、気絶 形気絶しそうな、かすかな

---

7. My wife **disguised** her horror at the sight of my **wound**.
   妻は私の傷を見て、恐ろしくてぞっとする思いを悟られまいとした。

次のページで爆発する単語は⇨ biology

第5章 科学・医療

72

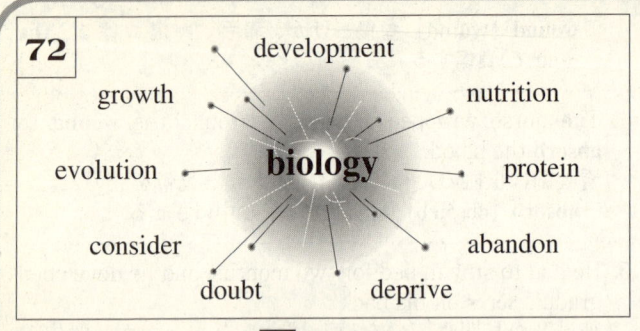

```
        development
growth              nutrition
evolution  biology  protein
consider            abandon
     doubt   deprive
```

🏠 例文観察

1. The **biology** of all living things is subject to the laws of **evolution**.
   あらゆる生物の生態は、進化の法則に支配されている。
   □ **biology** [baiálədʒi] 名 生物学、生態
   □ **evolution** [èvəlúːʃən] 名 進化、発展

---

2. He **considers** the **development** of weaker leg muscles in children to be a sign of **evolution**.
   彼は子供たちの足の筋肉の発達が弱まっているのを、進化の現れと見ている。
   □ **consider** [kənsídər] 動 考慮に入れる、~と見なす
   □ **development** [divéləpmənt] 名 発達、開発

---

3. A child must have plenty of **nutrition** and **proteins** to promote proper **growth**.
   正常な成長を促すために、子供は多くの栄養とたんぱく質をとらなければならない。
   □ **nutrition** [n(j)uːtríʃən] 名 栄養摂取、栄養物
   □ **protein** [próutiːn] 名 たんぱく質

□ **growth** [gróuθ] 名 成長、発展、増加

---

4. The Christian church **doubts** Charles Darwin's Theory of **Evolution**.
   キリスト教会はチャールズ・ダーウィンの進化論に疑念を抱いている。
   □ **doubt** [dáut] 動 疑う、疑問に思う、〜でないと思う 名 疑い

---

5. He **abandoned** his study of **biology** in favor of medicine.
   彼は医学のほうを選択して、生物学の研究を断念した。
   □ **abandon** [əbǽndən] 動 見捨てる、放棄する

---

6. A lack of **nutrition** will **deprive** people of their health.
   栄養不足は人々から健康を奪う。
   □ **deprive** [dipráiv] 動 奪う

---

7. The **development** of the IT market has resulted in the **growth** of our company.
   ＩＴ市場が発展した結果、わが社は成長した。

次のページで爆発する単語は⇨ **planet**

73

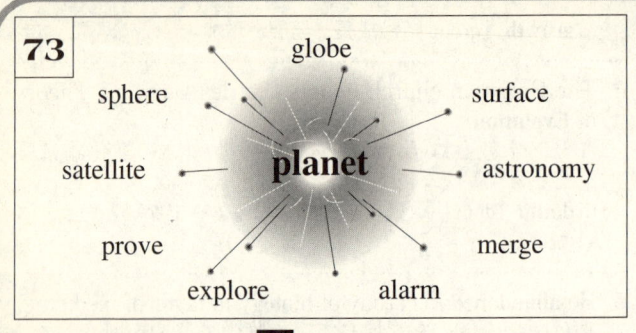

```
          globe
sphere              surface
satellite   planet   astronomy
prove               merge
     explore   alarm
```

例文観察

1. NASA is planning a space mission to **explore** the **surface** of the **planet** Mars.
   NASAは惑星である火星の表面を探査するためにスペースミッションを計画している。
   □ **explore** [ikspló:r] 動 探検する、調査する
   □ **surface** [sə́:rfəs] 名 表面、水面　形 表面の
   □ **planet** [plǽnit] 名 惑星

2. **Astronomy** has **proved** that our universe started with a big bang.
   天文学はわれわれの宇宙はビックバンで始まったことを証明している。
   □ **astronomy** [əstrάnəmi] 名 天文学
   □ **prove** [prú:v] 動 証明する、試す、判明する

3. His mother bought him a **globe** for his birthday.
   彼の誕生日に母親は地球儀を買い与えた。
   □ **globe** [glóub] 名 地球、地球儀、球

4. The loss of communication with the spy **satellite** **alarmed** the people in the command center.
スパイ衛星との交信の失敗に管制センターにいた人たちは動揺した。
□ **satellite** [sǽtəlàit] 名 衛星、人工衛星
□ **alarm** [əlɑ́ːrm] 動 びっくりさせる、不安にさせる 名 警報、目覚し時計

5. A large **sphere** at the top of the building is a symbol of Fuji Television's Odaiba headquarters.
そのビルの屋上にある大きな球体は、フジテレビお台場本社のシンボルだ。
□ **sphere** [sfíər] 名 球、領域

6. The roles of the two outdated **satellites** were **merged** together in a single larger **satellite**.
その2つの旧式な衛星の役割は、大型化した衛星1つにまとめられた。
□ **merge** [mə́ːrdʒ] 動 合併する、溶け込ませる

7. Scientists are **alarmed** at the rise in the level of the oceans covering the earth's **surface**.
科学者たちは地球の表面を覆っている海面の上昇に懸念を抱いている。

次のページで爆発する単語は⇨**environment**

第5章 科学・医療

74

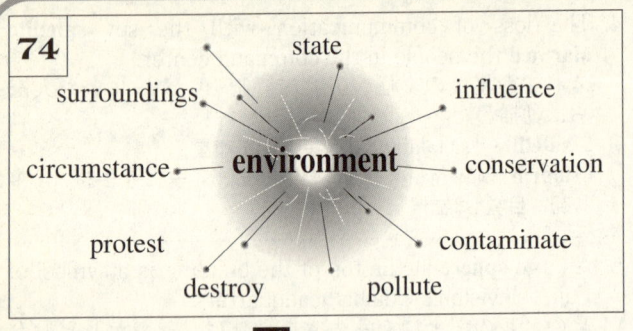

- state
- surroundings
- influence
- circumstance
- **environment**
- conservation
- protest
- contaminate
- destroy
- pollute

例文観察

1. The **environment** on the outskirts of the city has been **contaminated** by reckless factory policies.
   その都市の郊外の環境は、無謀な工場のやり方によって汚染されてきた。
   □ **environment** [enváiərənmənt] 名 環境、自然環境
   □ **contaminate** [kəntǽminèit] 動 汚す、汚染する

2. The demonstration was planned to **protest** the indifferent handling of **conservation** issues.
   そのデモは、資源保護問題の冷淡な扱いに抗議して計画された。
   □ **protest** [prətést] 動 抗議する、主張する [próutest] 名 抗議、異議
   □ **conservation** [kànsərvéiʃən] 名 (資源・文化財などの) 保護、管理、保存

3. Construction of the dam completely **destroyed** the ecosystem of the river.
   そのダムの建設は、川の生態系を完全に破壊した。

□ **destroy** [distrói] 動 破壊する、滅ぼす、台なしにする

---

4. He didn't want to be transferred, but had no objections to a change in **surroundings**.
彼は転勤したくなかったが、環境が変わることに異存はなかった。
□ **surroundings** [səráundiŋz] 名 環境、周辺地域

---

5. The floundering tanker not only **polluted** the surrounding ocean, it also **contaminated** the coast.
そのよたよた進んでいたタンカーは、周辺の海洋を汚染したばかりか、沿岸も汚染した。
□ **pollute** [pəlú:t] 動 汚す、汚染する

---

6. Nature **conservation** is an issue over which the **state** should exert its **influence**.
自然保護は国家がその影響力を行使すべき問題だ。
□ **state** [stéit] 名 状態、国家、州、地位 動 述べる、言明する 形 国家の、州の
□ **influence** [ínfluəns] 名 影響、感化 動 影響する、感化する

---

7. The **circumstances** surrounding the political cover-up have induced the public to **protest**.
その政治上のもみ消し工作を取り巻く状況は、大衆に抗議する気を起こさせた。
□ **circumstance** [sə́:rkəmstæns] 名 事情、状況

次のページで爆発する単語は ⇨ **geography**

第5章　科学・医療　217

75

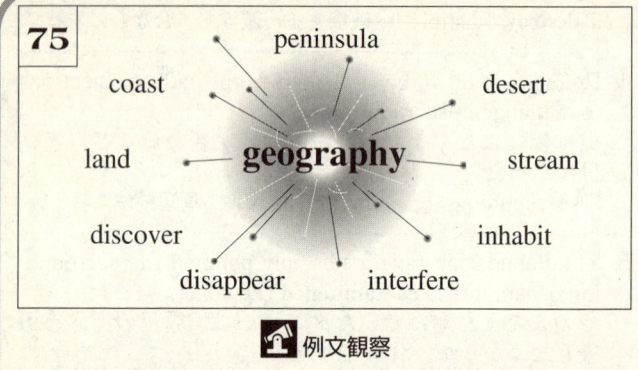

- peninsula
- coast
- desert
- land
- **geography**
- stream
- discover
- inhabit
- disappear
- interfere

例文観察

1. The **geography** of the **land** includes a **peninsula inhabited** by penguins.
   その地域の地勢には、ペンギンが生息している半島が含まれている。
   - □ **geography** [dʒiágrəfi] 名 地理、地理学、土地の様子
   - □ **land** [lǽnd] 名 土地、地帯、国土 動 上陸させる、着陸させる、着陸する
   - □ **peninsula** [pənínsələ] 名 半島
   - □ **inhabit** [inhǽbət] 動 住む、宿る

2. The **coast** is gradually **disappearing** into the ocean owing to rising sea levels.
   その海岸は上昇してくる海面のために、徐々に海中へと消えつつある。
   - □ **coast** [kóust] 名 沿岸、海岸
   - □ **disappear** [dìsəpíər] 動 消失する、なくなる、見えなくなる

3. Minerals that indicated the existence of gold were

218

discovered in the **stream**.
金の存在を示す鉱物がその小川で発見された。
- **discover** [diskʌ́vər] 動 発見する
- **stream** [strí:m] 名 小川、流れ　動 流れる、流す

---

4. Man is trying to **interfere** with nature to stop expansion of the **desert**.
人類は砂漠の拡大を食い止めるために、自然界に介入しようとしている。
- **interfere** [ìntərfíər] 動 妨害する、干渉する
- **desert** [dézərt] 名 砂漠　形 砂漠のような、不毛の、住む人のいない

---

5. The search for oil requires a knowledge of both **geography** and geology.
石油の探査には地理学と地質学の両方の知識が要求される。

---

6. The **desert** is **inhabited** by a race known as nomads.
その砂漠には遊牧民として知られている種族が住んでいる。

---

7. The **peninsula** protrudes from the **coast** and **interferes** with the current that flows past the island.
その半島は海岸から突き出ていて、その島のそばを流れる海流をはばんでいる。

次のページで爆発する単語は⇨　**mineral**

第5章　科学・医療

76

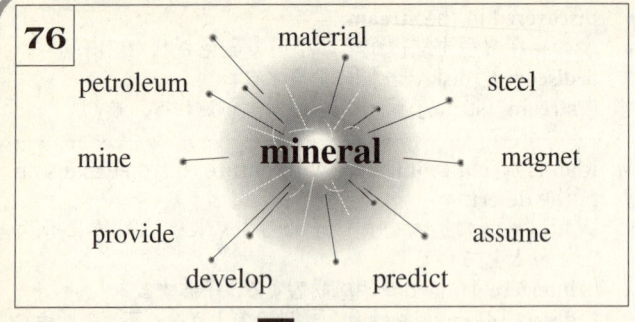

- material
- petroleum
- steel
- mine
- **mineral**
- magnet
- provide
- assume
- develop
- predict

🏠 例文観察

1. The **mine** produces **minerals** that are used in a wide range of **materials**.
   その鉱山はさまざまな原料に使われる鉱物を産出する。
   - □ **mine** [máin] 图 鉱山、地雷 動 (鉱石を)採掘する
   - □ **mineral** [mínərl] 图 鉱物、鉱石、無機物 形 鉱物の、鉱物を含んだ
   - □ **material** [mətíəriəl] 图 材料、資料 形 物質の

2. Analysts **predict** that the cost of **petroleum** will skyrocket in the near future.
   アナリストたちは近いうちに石油の原価は急騰すると予想している。
   - □ **predict** [pridíkt] 動 予言する、予報する
   - □ **petroleum** [pətróuliəm] 图 石油

3. The company produces **magnets** for industrial use out of **steel**.
   その会社は鉄鋼で工業用の磁石を生産している。
   - □ **magnet** [mǽgnit] 图 磁石、人を引きつけるもの

□ **steel** [stíːl] 名 鋼鉄、はがね

---

4. The **materials provided** for the job were absurd.
   その仕事用に支給された用具はとんでもないものだった。
   □ **provide** [prəváid] 動 提供する、規定する

---

5. It is **assumed** that the **mine** will run out of gold within twenty years.
   その鉱山は20年以内に金が出なくなるだろうと当然のように思われている。
   □ **assume** [əs(j)úːm] 動 想定する、装う

---

6. The company has **developed** a factory to manufacture paving stones out of waste **materials**.
   その会社は廃棄物から舗装用敷石を生産する工場を展開した。
   □ **develop** [divéləp] 動 発達させる、展開する、発達する

---

7. He **predicts** that future cars will be made of plastic compounds instead of **steel**.
   彼は未来の車は鉄鋼に代わってプラスチック化合物で作られるだろうと予測している。

次のページで爆発する単語は⇨ **waste**

第5章 科学・医療

77

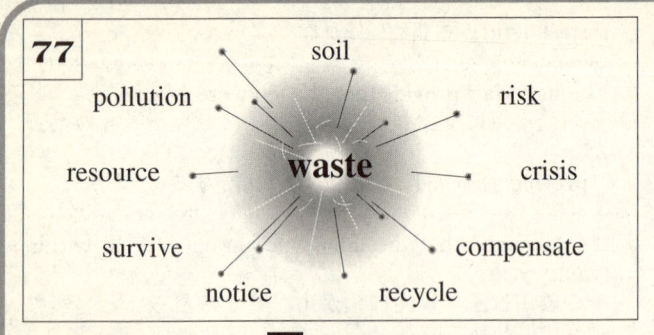

- soil
- pollution
- risk
- resource
- **waste**
- crisis
- survive
- compensate
- notice
- recycle

🏠 例文観察

1. The company **recycles** the **resources** contained in industrial **waste**.
   その会社は産業廃棄物に含まれる資源を再利用している。
   □ **recycle** [risáikl] 動 再生利用する、再循環させる
   □ **resource** [ríːsɔ̀ːrs] 名 資源、機転
   □ **waste** [wéist] 名 むだ使い、廃物 動 浪費する、消耗する

---

2. The government must overcome the **crisis** if it is to **survive** the next election.
   政府は次回の選挙に生き残りを図るなら、この難局を切り抜けなければならない。
   □ **crisis** [kráisis] 名 危機、重大局面
   □ **survive** [sərváiv] 動 生き残る、後まで残る

---

3. The factory admitted the **pollution** it had caused, and promised to **compensate** local residents.
   その会社は引き起こした汚染を認め、地元住民に賠償することを約束した。

□ **pollution** [pəlúːʃən] 名 汚染、公害
□ **compensate** [kámpənsèit] 動 埋め合わせをする、償う

---

4. It was **noticed** too late that the lake was at **risk** of **pollution**.
   その湖が汚染の危機にさらされていることに気づくのが遅すぎた。
   □ **notice** [nóutəs] 動 気がつく、注目する　名 注目、掲示
   □ **risk** [rísk] 名 危険、冒険

---

5. Cutting down the forest has resulted in too much loose **soil**, which creates the risk of landslides.
   森林を伐採した結果、土壌が極度にゆるみ、そのことで土砂崩れの危険が生じている。
   □ **soil** [sɔ́il] 名 土、土地、土壌

---

6. He **noticed** that the **pollution** from a **waste** dump had seeped into the **soil**.
   彼は廃棄物の山から出た汚染物質が土壌にしみ込んでいたことに気がついた。

---

7. The human race will not **survive** if we continue to destroy natural **resources**.
   われわれが天然資源を破壊し続けるならば、人類は生き残れないだろう。

次のページで爆発する単語は⇨ **weather**

78

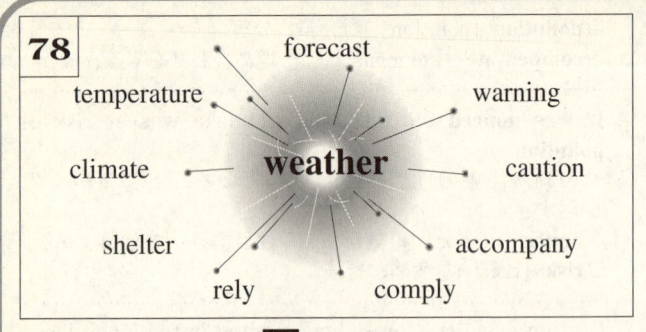

- forecast
- temperature
- warning
- climate
- **weather**
- caution
- shelter
- accompany
- rely
- comply

例文観察

1. Fishermen must **comply** with the **warnings** issued on **weather forecasts** for their own safety.
   漁師は自らの安全を守るために、天気予報に基づいて出される警報に従わなければならない。
   - □ **comply** [kəmplái] 動 従う、応じる
   - □ **warning** [wɔ́ːrniŋ] 名 警告、警報
   - □ **weather** [wéðər] 名 気候、天気
   - □ **forecast** [fɔ́ːrkæst] 名 予報、予想 動 予言する、予報する

2. The heavy rain **warning** was **accompanied** by the information that **temperatures** would rise.
   大雨警報には気温が上昇するという情報がつけ加えられた。
   - □ **accompany** [əkʌ́mpəni] 動 同行する、伴う
   - □ **temperature** [témpərtʃùər] 名 温度、体温

3. The Meteorological Agency issued a **caution** for shipping in consideration of the approaching typhoon.

気象庁は台風が接近中であることを考慮して、船舶に対して警告を発した。
□ **caution** [kɔ́:ʃən] 图 警告、用心

4. Hawaii **relies** on its temperate **climate** for the success of the tourist industry.
ハワイはその温暖な気候のおかげで観光産業に成功している。
□ **rely** [riái] 動 頼る、当てにする
□ **climate** [kláimət] 图 気候

5. She **sheltered** from the storm in a rural inn.
彼女は嵐を避けて田舎の宿屋に逃げ込んだ。
□ **shelter** [ʃéltər] 動 避難する 图 避難所

6. The climbers had to be **accompanied** off the mountain by a rescue team during the snow storm.
その登山者たちは吹雪の間、救助隊に付き添われて下山しなければならなかった。

7. The **temperature** suddenly dropped, and they had to **shelter** in a train station.
気温が突然下がったために、彼らは鉄道の駅に避難しなければならなかった。

次のページで爆発する単語は⇨ **accident**

79

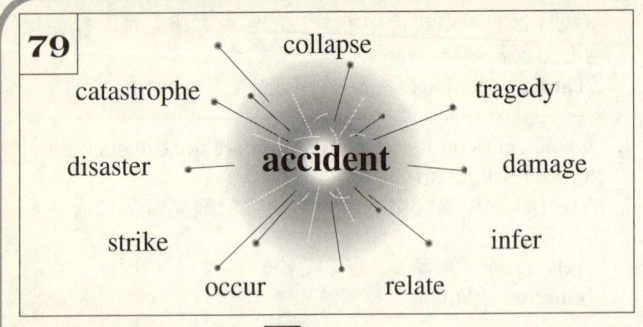

- collapse
- catastrophe
- tragedy
- disaster
- **accident**
- damage
- strike
- infer
- occur
- relate

例文観察

1. The **accident** was caused by negligence, and nearly resulted in a mortal **tragedy**.
   その事故は不注意から起こり、もう少しで大惨事になるところだった。
   □ **accident** [æksidənt] 名 事故、災難、偶然
   □ **tragedy** [trǽdʒədi] 名 悲劇、惨事

2. The **disaster struck** when least expected, and caused the **collapse** of a major bridge.
   その災害はまったく思いがけないときに襲ってきて、そのせいで主要な橋の1つが崩壊した。
   □ **disaster** [dizǽstər] 名 災難、不幸
   □ **strike** [stráik] 動 襲う、打つ、ぶつかる
   □ **collapse** [kəlǽps] 名 崩壊、失敗 動 崩壊する、失敗する

3. The explosion was directly **related** to a lack of maintenance, and was a **catastrophe** that could have been avoided.
   その爆発は整備不足に直接関連があり、防ぐことがで

きたはずの大惨事だった。
- □ **relate** [riléit] 動 関係させる、話す
- □ **catastrophe** [kətǽstrəfi] 名 大惨事、大災害、災難

---

4. The authorities have **inferred** that the **collapse** of the building was caused by structural **damage**.
   当局はそのビルの倒壊は構造上の損傷が原因で起きたと推測した。
   - □ **infer** [infə́:r] 動 推論する、推定する
   - □ **damage** [dǽmidʒ] 名 損害、損傷、損害賠償 動 損害を与える

---

5. The **tragedy occurred** when fire blocked off all exits.
   その惨事は火がすべての出口をふさいだときに起こった。
   - □ **occur** [əkə́:r] 動 起こる、思い浮かぶ

---

6. The brakes on the truck failed, resulting in a terrible **accident**.
   そのトラックのブレーキがきかなくなって、その結果恐ろしい事故になった。

---

7. The report **inferred** that the **disaster** was the fault of the construction company.
   報告書はその惨事は建設会社の過失であると推論した。

次のページで爆発する単語は ⇨ **technology**

80

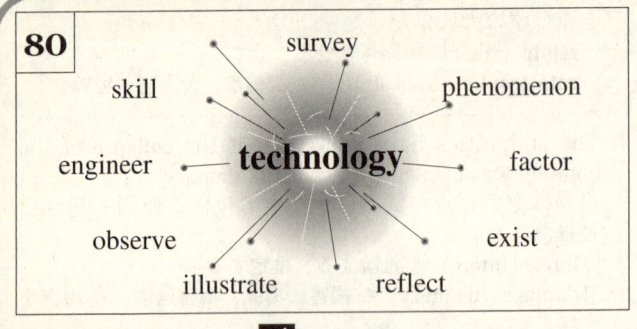

survey
skill
phenomenon
engineer
technology
factor
observe
exist
illustrate
reflect

📖 例文観察

1. The advances in computer **technology reflect** the huge sums of money invested in the field.
   コンピューター技術の進歩は、その分野に投資された莫大な金額を反映している。
   □ **technology** [teknάlədʒi] 图 科学技術
   □ **reflect** [riflékt] 動 反射する、熟考する

2. A **survey** carried out on 4th year university students **illustrated** how difficult it is to obtain employment.
   大学4年生に実施されたその調査は、職を得ることがいかに難しいかを明らかにした。
   □ **survey** [sərvéi, sə́:rvei] 图 概観、調査 動 概観する、調査する
   □ **illustrate** [íləstrèit] 動 説明する、例解する

3. Civil **engineers** require a large number of **skills** that are only acquired through experience.
   土木技師には経験を通してのみ身につく多くの技能が要求される。

□ **engineer** [èndʒəníər] 图 技師、エンジニア
□ **skill** [skíl] 图 熟練、技能

---

4. Extrasensory perception is a **phenomenon** that is said to **exist**, but that cannot be explained by science.
   超能力は存在すると言われているが、科学では説明できない現象である。
   □ **phenomenon** [finámənàn] 图 現象
   □ **exist** [igzíst] 動 存在する、生存する

---

5. The declining economy is one **factor** that is responsible for the rise in unemployment.
   下降景気が失業率の上昇を招く1つの要因である。
   □ **factor** [fǽktər] 图 要因、要素、因数

---

6. The government has commissioned a **survey** to **observe** the changes in modern eating habits.
   政府は現代の食習慣における変化を観察するよう調査を委託した。
   □ **observe** [əbzə́:rv] 動 観察する、述べる

---

7. The literary award **reflects** his **skills** as a novelist.
   その文学賞は小説家としての彼の力量を反映している。

次のページで爆発する単語は ⇨ **experiment**

第5章 科学・医療

81

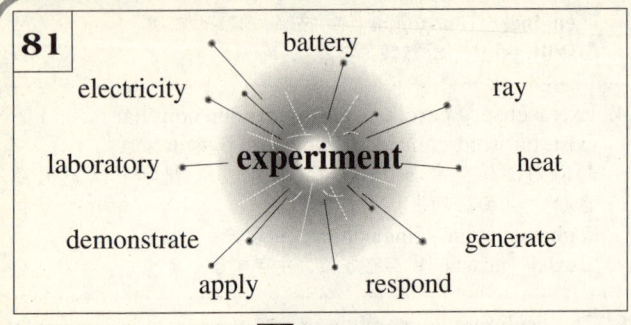

- battery
- electricity
- ray
- laboratory
- **experiment**
- heat
- demonstrate
- generate
- apply
- respond

🏠 例文観察

1. The **experiment demonstrated** why the fires in the kitchen must not be extinguished with water.
   その実験は、なぜ台所の火災は水で消してはいけないのかを説明した。
   □ **experiment** [ikspérəmənt] 名 実験、試み
   [ikspérəmènt] 動 実験する
   □ **demonstrate** [démənstrèit] 動 証明する、論証する、デモをする

---

2. The **rays** of the sun **generate** sufficient **electricity** to provide heat for the entire house.
   太陽光線はその家全体に熱を供給するのに十分な電気を起こす。
   □ **ray** [réi] 名 光線、放射線
   □ **generate** [dʒénərèit] 動 発生させる、(電気などを)起こす
   □ **electricity** [ilèktrísəti] 名 電気

---

3. **Heat** is **generated** through a chemical reaction when water is **applied**.

230

水が加えられると化学反応が起きて熱が発生する。
□ **heat** [híːt] 名 熱、暑さ、激しさ　動 熱する、暖める
□ **apply** [əplái] 動 適用する、応用する、申し込む

---

4. The inconvenience of recharging **batteries** is one reason why electric cars are not popular.
   バッテリーを再充電するという不便さが、電気自動車の人気が出ない理由の1つだ。
   □ **battery** [bǽtəri] 名 電池、バッテリー

---

5. The petals of the flower **respond** to the **rays** of the sun and open.
   花びらは太陽光線に反応して開く。
   □ **respond** [rispánd] 動 答える、反応する

---

6. The **laboratory** conducts **experiments** in nuclear fusion at room temperature.
   その実験室では室温で核融合の実験を行っている。
   □ **laboratory** [lǽbərətɔ̀ːri] 名 実験室、研究室

---

7. The **battery generates** an electric charge that triggers the security alarm.
   その乾電池は防犯ベルを作動させる電圧を起こす。

次のページで爆発する単語は⇨　oxygen

82

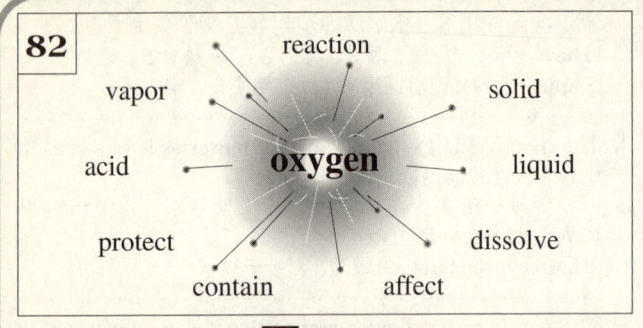

reaction / vapor / solid / acid / **oxygen** / liquid / protect / dissolve / contain / affect

📖 例文観察

1. This **liquid** evaporates into a **vapor** when exposed to **oxygen**.
   この液体は酸素に触れると蒸発して気体になる。
   □ **liquid** [líkwid] 名 液体 形 液体の、流動体の
   □ **vapor** [véipər] 名 蒸気
   □ **oxygen** [áksidʒən] 名 酸素

2. Although it may seem like a **solid**, glass is scientifically a **liquid**.
   固体のように見えるかもしれないが、ガラスは科学的には液体である。
   □ **solid** [sáləd] 名 固体 形 固体の、堅固な

3. The inside of the tank is coated with a non-corrosive jacket to **protect** it from the **acid**.
   そのタンクの内側は、酸を防ぐために腐食防止被膜でコーティングされている。
   □ **protect** [prətékt] 動 保護する、守る
   □ **acid** [ǽsid] 名 酸 形 すっぱい、酸の

4. When **dissolved** in **liquid**, this powder produces a pleasant-smelling **vapor**.
   液体に溶かされると、その粉末は快いにおいのする気体を発生する。
   □ **dissolve** [dizálv] 動 溶かす、解ける、解散する

5. The **vapor** that caused panic in the classroom was emitted through a **reaction** between two chemicals.
   教室にパニックを起こしたその気体は、2つの化学物質が反応して発生したものだった。
   □ **reaction** [ri(:)ækʃən] 名 反応、反動

6. The stomach **contains acid** that is essential in digesting food.
   胃には食べものの消化に欠かせない酸が入っている。
   □ **contain** [kəntéin] 動 含む、収容する

7. The amount of **oxygen** channeled to the brain **affects** its speed of function.
   脳に送られる酸素の量は、脳が機能する速度に影響を与える。
   □ **affect** [əfékt] 動 影響する、感動させる

250ページで爆発する単語は⇨ **tool**

第5章 科学・医療

Review Quiz

第5章

1 健康を維持するためにジョギングを始めるよう、主治医に勧められた。
My (p   ) recommended that I start (j   ) to maintain my (h   ).

2 その外科医は全力を尽くして彼のけがを治療したが、彼は手術台の上で息を引き取った。
The (s   ) (t   ) his injuries as best he could, but he (e   ) on the operating table.

3 酒の飲み過ぎは健康を害しますよ。
Excessive consumption of (a   ) will damage your health.

4 かかりつけの歯医者が6か月ごとに検査のお知らせを送ってくる。
My (d   ) sends me a reminder every six month to (j   ) my memory about a check-up.

5 彼は足に大けがをして病院に担ぎ込まれた。
He (i   ) his leg quite badly and was admitted to (h   ).

6 その外科医は病院内で飲酒したかどで戒告を受けた。
The (s   ) was reprimanded for drinking (a   ) in the (h   ).

7 私の犬は自動車事故でけがをし、私たちが獣医に連れて行く前に死んだ。
My dog was (i   ) in a car accident, and (e   ) before we could get him to a vet.

8 その病気は不衛生な環境で起こるが、彼女は完全に回復するはずだ。
The (d   ) (d   ) from unsanitary conditions, but

she should (r   ) fully.

9 彼は咽頭がんから回復したようだが、完治したのかどうか私たちにはわからない。
He seems to have (r   ) from throat (c   ), but we don't know if he has (o   ) it.

10 その伝染病はニワトリの胃の中にいるバクテリアで起こった。
The (e   ) (d   ) from bacteria that resides in the stomachs of chickens.

11 腹痛はおさまったのですが、まだ微熱があります。
My (s   ) has (i   ), but I still have a slight fever.

12 彼にはハウスダストに対するアレルギーがあって、それが喘息を悪化させる。
He has an (a   ) to house dust, which aggravates his (a   ).

13 その病気は大流行して、われわれの地域では多くの学校が閉鎖している。
The (d   ) has turned into (e   ) proportions, with many schools in our area closed.

14 彼女はスギ花粉アレルギーを克服するためなら、何でもするつもりだ。
She will try anything to (o   ) her (a   ) to cedar pollen.

15 彼は落下するときに肋骨を痛めたので、肺のことを心配している。
He (h   ) his ribs during the fall, and he is worried about his (l   ).

16 そのマラソンで彼は消耗し、疲労で入院した。
The marathon (e   ) him, and he was hospitalized with (f   ).

17 私はピアノを持ち上げようとして、背筋を伸ばした。
I (s   ) several (m   ) in my back when I (a   ) to lift the piano.

18 その医者は心理学の専門家であり、彼の脳は損傷を受けなかったと主張している。
The doctor is a specialist in (p   ) and claims that his (b   ) was not damaged.

19 彼女は息からアルコール臭さを取り除こうと、ミントティーを何杯も飲んだ。
She drank several cups of mint tea to get the smell of alcohol off her (b   ).

20 激しい運動の間に蓄積する疲労は、筋肉痛を起こすことがある。
The (f   ) that builds up during heavy exercise may result in strained (m   ).

21 その試験のために彼は頭をぎりぎりまで使い切り、精根尽き果てた。
The examination pushed his (b   ) to the limits and (e   ) him mentally.

22 彼の症状は普通の風邪の徴候だったので、医者は多少の薬を処方した。
His (s   ) indicated the common cold, so the doctor (p   ) some (m   ).

23 その手術は自動車事故の犠牲者の家族から提供された心臓を用いて行われた。
The (o   ) was (p   ) with a heart (d   ) by the family of a car accident victim.

24 医者は抗生物質を処方してくれたが、その薬が私に効くという保証はない。
The doctor (p   ) (a   ), but cannot guarantee they will (c   ) me.

25 これらの錠剤は痛みは止めるだろうが、治療するものではない。
These (p   ) will stop the pain, but they will not act as a (r   ).

26 私は万一事故に遭った場合は臓器を提供してもよいことを表すカードを常に持ち歩いている。
I always carry a card indicating that I am willing to (d   ) my organs in the event of an accident.

27 もしその薬が効かなければ、われわれは手術をしなければならないだろう。
If the (m   ) doesn't work, we may have to (p   ) an operation.

28 その抗生物質は彼の肺病にすばらしく効いた。
The (a   ) (p   ) wonders on his chest infection.

29 彼はその事故以来激しい痛みに苦しんでいるが、医者は痛みはなくなるだろうと言っている。
He is (s   ) a lot of (p   ) since the accident, but the doctor says that will pass.

30 彼のくしゃみは、花粉症の季節の始まりを告げているものと思われた。
His (s   ) were (p   ) as heralding the start of the hay fever season.

31 整形手術でその傷は隠れるだろうが、すごく費用がかかるだろう。
Plastic surgery will (d   ) the (w   ), but will be very expensive.

32 看護師は止血のために傷口にぐるりと包帯を巻いた。
The nurse wrapped a bandage around the (w   ) to (a   ) the blood.

33 彼は2か月間寝ていなければならなかったが、背中の痛み

第5章 科学・医療

は徐々によくなった。
He had to stay in bed for two months, and he developed gradual (s   ) on his back.

34 私はぐっしょり汗をかいて目が覚め、トイレへ行く途中で失神した。
I woke up covered in (s   ), and experienced a (f   ) on my way to the bathroom.

35 妻は私の傷を見て、恐ろしくてぞっとする思いを悟られまいとした。
My wife (d   ) her horror at the sight of my (w   ).

36 あらゆる生物の生態は、進化の法則に支配されている。
The (b   ) of all living things is subject to the laws of (e   ).

37 彼は子供たちの足の筋肉の発達が弱まっているのを、進化の現れと見ている。
He (c   ) the (d   ) of weaker leg muscles in children to be a sign of (e   ).

38 正常な成長を促すために、子供は多くの栄養とたんぱく質をとらなければならない。
A child must have plenty of (n   ) and (p   ) to promote proper (g   ).

39 キリスト教会はチャールズ・ダーウィンの進化論に疑念を抱いている。
The Christian church (d   ) Charles Darwin's Theory of (E   ).

40 彼は医学のほうを選択して、生物学の研究を断念した。
He (a   ) his study of (b   ) in favor of medicine.

41 栄養不足は人々から健康を奪う。
A lack of (n   ) will (d   ) people of their health.

42 ＩＴ市場が発展した結果、わが社は成長した。

The (d   ) of the IT market has resulted in the (g   ) of our company.

43 ＮＡＳＡは惑星である火星の表面を探査するためにスペースミッションを計画している。
NASA is planning a space mission to (e   ) the (s   ) of the (p   ) Mars.

P.214〜P.215

44 天文学はわれわれの宇宙はビックバンで始まったことを証明している。
(A   ) has (p   ) that our universe started with a big bang.

45 彼の誕生日に母親は地球儀を買い与えた。
His mother bought him a (g   ) for his birthday.

46 スパイ衛星との交信の失敗に管制センターにいた人たちは動揺した。
The loss of communication with the spy (s   ) (a   ) the people in the command center.

47 そのビルの屋上にある大きな球体は、フジテレビお台場本社のシンボルだ。
A large (s   ) at the top of the building is a symbol of Fuji Television's Odaiba headquarters.

48 その２つの旧式な衛星の役割は、大型化した衛星１つにまとめられた。
The roles of the two outdated (s   ) were (m   ) together in a single larger (s   ).

49 科学者たちは地球の表面を覆っている海面の上昇に懸念を抱いている。
Scientists are (a   ) at the rise in the level of the oceans covering the earth's (s   ).

50 その都市の郊外の環境は、無謀な工場のやり方によって汚染されてきた。
The (e   ) on the outskirts of the city has been

P.216〜P.217

(c) by reckless factory policies.

51 そのデモは、資源保護問題の冷淡な扱いに抗議して計画された。
The demonstration was planned to (p) the indifferent handling of (c) issues.

52 そのダムの建設は、川の生態系を完全に破壊した。
Construction of the dam completely (d) the ecosystem of the river.

53 彼は転勤したくなかったが、環境が変わることに異存はなかった。
He didn't want to be transferred, but had no objections to a change in (s).

54 そのよたよた進んでいたタンカーは、周辺の海洋を汚染したばかりか、沿岸も汚染した。
The floundering tanker not only (p) the surrounding ocean, it also (c) the coast.

55 自然保護は国家がその影響力を行使すべき問題だ。
Nature (c) is an issue over which the (s) should exert its (i).

56 その政治上のもみ消し工作を取り巻く状況は、大衆に抗議する気を起こさせた。
The (c) surrounding the political cover-up have induced the public to (p).

57 その地域の地勢には、ペンギンが生息している半島が含まれている。
The (g) of the (l) includes a (p) (i) by penguins.

58 その海岸は上昇してくる海面のために、徐々に海中へと消えつつある。
The (c) is gradually (d) into the ocean owing to rising sea levels.

59 金の存在を示す鉱物がその小川で発見された。
Minerals that indicated the existence of gold were (d   ) in the (s   ).

60 人類は砂漠の拡大を食い止めるために、自然界に介入しようとしている。
Man is trying to (i   ) with nature to stop expansion of the (d   ).

61 石油の探査には地理学と地質学の両方の知識が要求される。
The search for oil requires a knowledge of both (g   ) and geology.

62 その砂漠には遊牧民として知られている種族が住んでいる。
The (d   ) is (i   ) by a race known as nomads.

63 その半島は海岸から突き出ていて、その島のそばを流れる海流をはばんでいる。
The (p   ) protrudes from the (c   ) and (i   ) with the current that flows past the island.

64 その鉱山はさまざまな原料に使われる鉱物を産出する。
The (m   ) produces (m   ) that are used in a wide range of (m   ).

65 アナリストたちは近いうちに石油の原価は急騰すると予想している。
Analysts (p   ) that the cost of (p   ) will skyrocket in the near future.

66 その会社は鉄鋼で工業用の磁石を生産している。
The company produces (m   ) for industrial use out of (s   ).

67 その仕事用に支給された用具はとんでもないものだった。
The (m   ) (p   ) for the job were absurd.

68 その鉱山は20年以内に金が出なくなるだろうと当然のように思われている。
It is (a   ) that the (m   ) will run out of gold within twenty years.

69 その会社は廃棄物から舗装用敷石を生産する工場を展開した。
The company has (d   ) a factory to manufacture paving stones out of waste (m   ).

70 彼は未来の車は鉄鋼に代わってプラスチック化合物で作られるだろうと予測している。
He (p   ) that future cars will be made of plastic compounds instead of (s   ).

71 その会社は産業廃棄物に含まれる資源を再利用している。
The company (r   ) the (r   ) contained in industrial (w   ).

72 政府は次回の選挙に生き残りを図るなら、この難局を切り抜けなければならない。
The government must overcome the (c   ) if it is to (s   ) the next election.

73 その会社は引き起こした汚染を認め、地元住民に賠償することを約束した。
The factory admitted the (p   ) it had caused, and promised to (c   ) local residents.

74 その湖が汚染の危機にさらされていることに気づくのが遅すぎた。
It was (n   ) too late that the lake was at (r   ) of (p   ).

75 森林を伐採した結果、土壌が極度にゆるみ、そのことで土砂崩れの危険が生じている。
Cutting down the forest has resulted in too much loose (s   ), which creates the risk of landslides.

P.222 〜 P.223

76 彼は廃棄物の山から出た汚染物質が土壌にしみ込んでいたことに気がついた。
He (n   ) that the (p   ) from a (w   ) dump had seeped into the (s   ).

77 われわれが天然資源を破壊し続けるならば、人類は生き残れないだろう。
The human race will not (s   ) if we continue to destroy natural (r   ).

78 漁師は自らの安全を守るために、天気予報に基づいて出される警告に従わなければならない。
Fishermen must (c   ) with the (w   ) issued on (w   ) (f   ) for their own safety.

79 大雨警報には気温が上昇するという情報がつけ加えられた。
The heavy rain (w   ) was (a   ) by the information that (t   ) would rise.

80 気象庁は台風が接近中であることを考慮して、船舶に対して警告を発した。
The Meteorological Agency issued a (c   ) for shipping in consideration of the approaching typhoon.

81 ハワイはその温暖な気候のおかげで観光産業に成功している。
Hawaii (r   ) on its temperate (c   ) for the success of the tourist industry.

82 彼女は嵐を避けて田舎の宿屋に逃げ込んだ。
She (s   ) from the storm in a rural inn.

83 その登山者たちは吹雪の間、救助隊に付き添われて下山しなければならなかった。
The climbers had to be (a   ) off the mountain by a rescue team during the snow storm.

84 気温が突然下がったために、彼らは鉄道の駅に避難しなければならなかった。
The (t　　) suddenly dropped, and they had to (s　　) in a train station.

85 その事故は不注意から起こり、もう少しで大惨事になるところだった。
The (a　　) was caused by negligence, and nearly resulted in a mortal (t　　).

86 その災害はまったく思いがけないときに襲ってきて、そのせいで主要な橋の1つが崩壊した。
The (d　　) (s　　) when least expected, and caused the (c　　) of a major bridge.

87 その爆発は整備不足に直接関連があり、防ぐことができたはずの大惨事だった。
The explosion was directly (r　　) to a lack of maintenance, and was a (c　　) that could have been avoided.

88 当局はそのビルの倒壊は構造上の損傷が原因で起きたと推測した。
The authorities have (i　　) that the (c　　) of the building was caused by structural (d　　).

89 その惨事は火がすべての出口をふさいだときに起こった。
The (t　　) (o　　) when fire blocked off all exits.

90 そのトラックのブレーキがきかなくなって、その結果恐ろしい事故になった。
The brakes on the truck failed, resulting in a terrible (a　　).

91 報告書はその惨事は建設会社の過失であると推論した。
The report (i　　) that the (d　　) was the fault of the construction company.

92 コンピューター技術の進歩は、その分野に投資された莫大

な金額を反映している。
The advances in computer (t　) (r　) the huge sums of money invested in the field.

93 大学4年生に実施されたその調査は、職を得ることがいかに難しいかを明らかにした。
A (s　) carried out on 4th year university students (i　) how difficult it is to obtain employment.

94 土木技師には経験を通してのみ身につく多くの技能が要求される。
Civil (e　) require a large number of (s　) that are only acquired through experience.

95 超能力は存在すると言われているが、科学では説明できない現象である。
Extrasensory perception is a (p　) that is said to (e　), but that cannot be explained by science.

96 下降景気が失業率の上昇を招く1つの要因である。
The declining economy is one (f　) that is responsible for the rise in unemployment.

97 政府は現代の食習慣における変化を観察するよう調査を委託した。
The government has commissioned a (s　) to (o　) the changes in modern eating habits.

98 その文学賞は小説家としての彼の力量を反映している。
The literary award (r　) his (s　) as a novelist.

99 その実験は、なぜ台所の火災は水で消してはいけないのかを説明した。
The (e　) (d　) why the fires in the kitchen must not be extinguished with water.

100 太陽光線はその家全体に熱を供給するのに十分な電気を起こす。
The (r　) of the sun (g　) sufficient (e　)

to provide heat for the entire house.

101 水が加えられると化学反応が起きて熱が発生する。
(H　　) is (g　　) through a chemical reaction when water is (a　　).

102 バッテリーを再充電するという不便さが、電気自動車の人気が出ない理由の１つだ。
The inconvenience of recharging (b　　) is one reason why electric cars are not popular.

103 花びらは太陽光線に反応して開く。
The petals of the flower (r　　) to the (r　　) of the sun and open.

104 その実験室では室温で核融合の実験を行っている。
The (l　　) conducts (e　　) in nuclear fusion at room temperature.

105 その乾電池は防犯ベルを作動させる電圧を起こす。
The (b　　) (g　　) an electric charge that triggers the security alarm.

106 この液体は酸素に触れると蒸発して気体になる。
This (l　　) evaporates into a (v　　) when exposed to (o　　).

107 固体のように見えるかもしれないが、ガラスは科学的には液体である。
Although it may seem like a (s　　), glass is scientifically a (l　　).

108 そのタンクの内側は、酸を防ぐために腐食防止被膜でコーティングされている。
The inside of the tank is coated with a non-corrosive jacket to (p　　) it from the (a　　).

109 液体に溶かされると、その粉末は快いにおいのする気体を発生する。

P.232 〜 P.233

When (d   ) in (l   ), this powder produces a pleasant-smelling (v   ).

110 教室にパニックを起こしたその気体は、2つの化学物質が反応して発生したものだった。
The (v   ) that caused panic in the classroom was emitted through a (r   ) between two chemicals.

111 胃には食べものの消化に欠かせない酸が入っている。
The stomach (c   ) (a   ) that is essential in digesting food.

112 脳に送られる酸素の量は、脳が機能する速度に影響を与える。
The amount of (o   ) channeled to the brain (a   ) its speed of function.

第5章 科学・医療

第6章

生活・社会

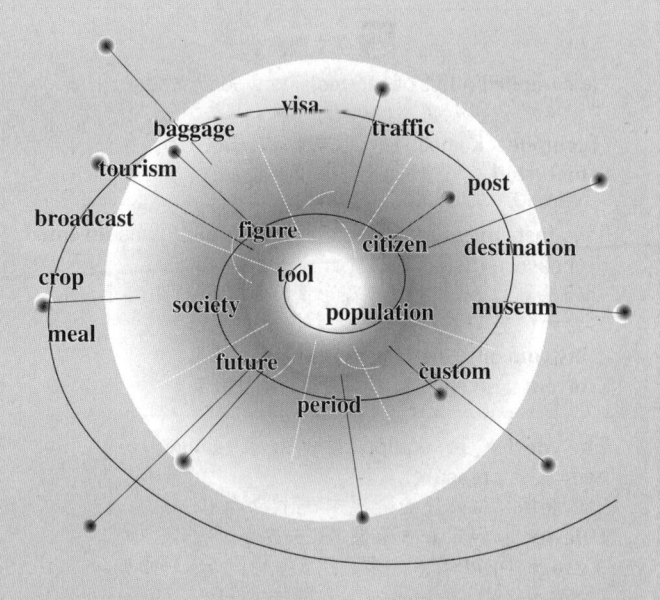

visa
baggage
tourism
traffic
broadcast
figure
post
citizen
destination
crop
society
tool
museum
meal
population
future
custom
period

83

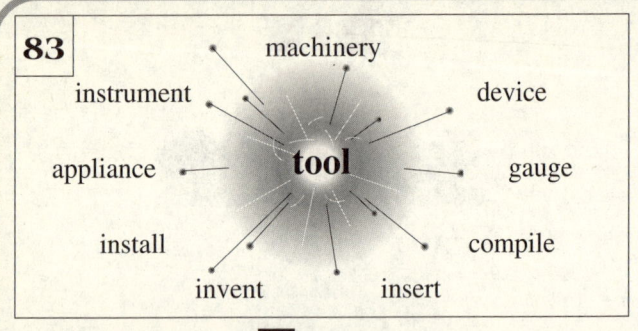

- machinery
- instrument
- device
- appliance
- **tool**
- gauge
- install
- compile
- invent
- insert

例文観察

1. He **compiled** a list of the **tools** he would need for the job.
   彼はその仕事で必要になる道具のリストを作った。
   □ **compile** [kəmpáil] 動 収集する、編集する
   □ **tool** [túːl] 名 道具、仕事に必要なもの

---

2. This **instrument** employs a laser beam and was **invented** to measure distances.
   その機器はレーザー光線を使うもので、距離を測定するために発明された。
   □ **instrument** [ínstrəmənt] 名 楽器、器具
   □ **invent** [invént] 動 発明する、創り出す

---

3. The **device** is equipped with a **gauge** to monitor hydraulic pressure.
   その装置には水圧を監視する計器がついている。
   □ **device** [diváis] 名 装置、工夫
   □ **gauge** [géidʒ] 名 計器、尺度 動 計る、評価する

---

4. He **installed** the spreadsheet **appliance** into his

250

computer and began entering the figures.
彼はコンピューターに表計算ソフトをインストールし、数値を入力し始めた。
- **install** [instɔ́:l] 動 取りつける、就任させる
- **appliance** [əpláiəns] 名 器具、道具、(技術・知識などの)適用

---

5. He **inserted** his hand into the back of the **machinery** and removed the broken screw.
その機械装置の背後に手を差し込んでこわれたネジをはずした。
- **insert** [insə́:rt] 動 差し込む、挿入する
- **machinery** [məʃí:nəri] 名 機械類、機構

---

6. The **instruments** are **inserted** into a sterilizer after every use.
その器具は使用するたびに殺菌装置の中に入れられる。

---

7. A large number of **devices** have been **invented** to reduce time in the kitchen.
台所での時間を減らすために、数多くの道具が発明されてきた。

次のページで爆発する単語は⇨ **population**

第6章 生活・社会 251

84

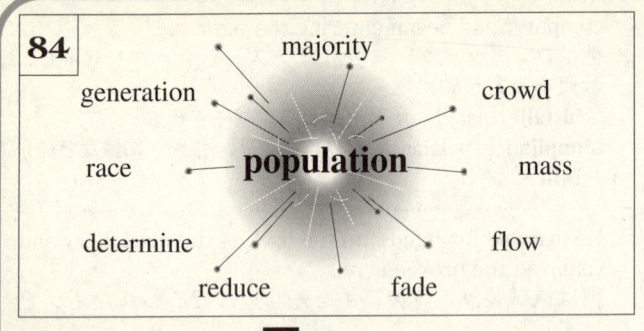

- majority
- generation
- crowd
- race
- **population**
- mass
- determine
- flow
- reduce
- fade

🏠 例文観察

1. The **population** is **flowing** from rural areas into the major cities.
   人口は農村地帯から大都会へと流入している。
   □ **population** [pàpjəléiʃən] 名 人口、住民数
   □ **flow** [flóu] 動 流れる、注ぐ 名 流れ

---

2. It has been **determined** that the present **generation** is taller than the previous **generation**.
   今の世代は前の世代よりも背が高いことが明らかになっている。
   □ **determine** [ditə́ːrmin] 動 決心する、決定する
   □ **generation** [dʒènəréiʃən] 名 同時代の人々、1世代

---

3. The **crowd** gathered in front of the new department store, but **faded** when it started to rain.
   群衆がその新しいデパートの前に集まっていたが、雨が降り出すとまばらになった。
   □ **crowd** [kráud] 名 群集、多数 動 群がる
   □ **fade** [féid] 動 色があせる、次第に衰える

4. The demonstration attracted a **mass** of people from all parts of the country.
   そのデモには全国各地から多くの人々が集まった。
   □ **mass** [mǽs] 图 かたまり、多数

5. The immigrants flowing over the border are affecting the **race majority** statistics of the city.
   国境を越えて流れてくる移住者は、その都市の人種別統計に変化をもたらしている。
   □ **race** [réis] 图 人種、種族
   □ **majority** [mədʒɔ́(:)rəti] 图 大多数、過半数

6. The **majority** of young people leave the village at university age, and this **reduces** our labor force.
   大多数の若者は大学生の年齢で村を離れ、このために労働人口が減少している。
   □ **reduce** [rid(j)úːs] 動 減らす、小さくする

7. It has been **determined** that all of the **races** on the earth originated from a single location in Africa.
   地球上のすべての人種はアフリカのある1つの場所から発生したことが確定されている。

次のページで爆発する単語は⇨ **citizen**

85

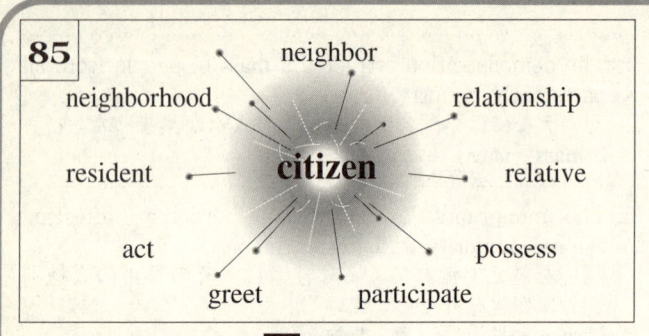

neighbor · neighborhood · relationship · resident · **citizen** · relative · act · possess · greet · participate

例文観察

1. Many of the **citizens** in my **neighborhood participate** in the local spring festival.
   近所の住民の多くが地元の春祭りに参加します。
   □ **citizen** [sítizn] 名 市民、国民
   □ **neighborhood** [néibəhùd] 名 近所、近所の人々
   □ **participate** [pɑ:rtísəpèit] 動 参加する、加わる

2. The family next door are only **neighbors**, but they **act** as if they were **relatives**.
   隣に住む一家は単なる隣人だが、まるでうちの親戚のように振舞う。
   □ **neighbor** [néibər] 名 近所の人、隣人
   □ **act** [ǽkt] 動 振舞う、行動する、動く
   □ **relative** [rélətiv] 名 親族 形 相対的な、関係のある

3. As a **resident** of the area, I **possess** the right to complain about the construction of a new factory.
   地域住民の1人として、私にはその工場の新設について抗議する権利がある。

- **resident** [rézidənt] 名 居住者
- **possess** [pəzés] 動 所有する、持っている

---

4. The newly married couple stood at the entrance to the hall and **greeted** each of their **relatives** in turn.
   その新婚夫婦はホールの入り口に立って、順番に親類縁者1人1人に挨拶した。
   - **greet** [gríːt] 動 挨拶をする

---

5. The company maintains excellent **relationships** with the local **citizens**.
   その会社は地元住民ときわめて良好な関係を維持している。
   - **relationship** [riléiʃənʃip] 名 関係

---

6. He is the only **resident** of the village who **possesses** Internet capabilities.
   彼はその村でインターネットの処理能力があるただ1人の住人だ。

---

7. The mayor **greeted** the people of the **neighborhood** at the meeting.
   市長はその集会で地域住民に挨拶をした。

次のページで爆発する単語は ⇨ **figure**

第6章 生活・社会

86

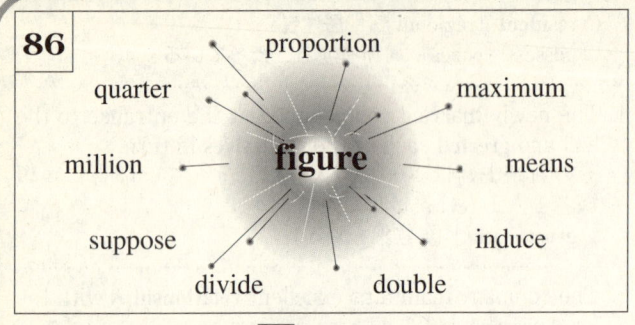

- proportion
- quarter
- maximum
- million
- **figure**
- means
- suppose
- induce
- divide
- double

例文観察

1. The **figure** on the quotation includes the **maximum** of services for the minimum of money.
   見積書にある値段には、最低の料金で最大限のサービスが含まれている。
   □ **figure** [fígjər] 名 数字、姿
   □ **maximum** [mǽksəməm] 名 最大限、最大　形 最大限の

2. I **suppose** his investments must be worth more than one **million** dollars by now.
   彼の投資は今ごろはもう100万ドル以上の価値があるに違いないと思う。
   □ **suppose** [səpóuz] 動 思う、仮定する
   □ **million** [míljən] 名 100万　形 100万の

3. The cake was **divided** into **quarters**, so each of the children had the same amount.
   ケーキは4等分され、子供たちはそれぞれ同じ量を食べた。
   □ **divide** [diváid] 動 分割する、分配する

□ **quarter** [kwɔ́:rtər] 名 4分の1、15分

4. The **proportion** of stoppages on my salary seems to get larger every year.
私の給料の控除額の割合は年ごとに増えているようだ。
□ **proportion** [prəpɔ́:rʃən] 名 割合、比例、調和

5. Taking a second job at nights will provide the **means** to **double** my petty salary.
毎夜アルバイトをすることで、薄給を倍増する手だてを得られるだろう。
□ **means** [mí:nz] 名 方法、手段
□ **double** [dʌ́bl] 動 2倍にする、倍増する、2つに折る 名 2倍 形 2倍の、2重の 副 2倍に、2重に

6. I was **induced** to give a donation to charity in the office today.
今日オフィスで、チャリティーに寄付するよう勧められた。
□ **induce** [ind(j)ú:s] 動 誘う、説いて～させる

7. The ridiculous **figure** my wife is demanding for alimony is out of **proportion** to my income.
妻が別居手当として要求している途方もない金額ときたら、私の収入と不つり合いだ。

次のページで爆発する単語は⇨ **society**

87

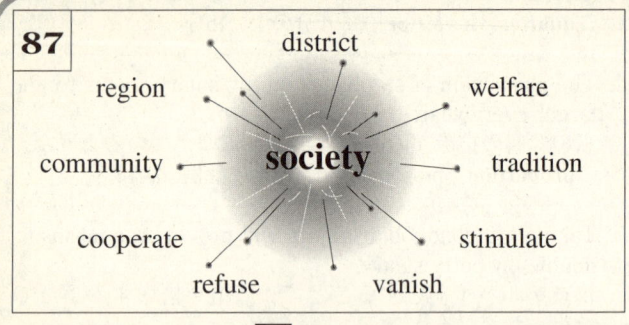

- district
- region
- welfare
- community
- **society**
- tradition
- cooperate
- stimulate
- refuse
- vanish

例文観察

1. The **traditions** of our forerunners are slowly **vanishing** from modern **society**.
   われわれの祖先の伝統は、現代社会から徐々に消えつつある。
   □ **tradition** [trədíʃən] 名 伝統、慣例
   □ **vanish** [vǽniʃ] 動 急に消える、見えなくなる
   □ **society** [səsáiəti] 名 社会、協会

2. An advertising project has been activated to **stimulate** tourism in the **region**.
   その地域の観光事業を刺激しようと、ある広告のプロジェクトが始動している。
   □ **stimulate** [stímjəlèit] 動 刺激する、元気づける
   □ **region** [rí:dʒən] 名 地域、領域

3. The **community refused** to **cooperate** with the local government on reduced **welfare** services.
   そこの地域住民は、削減された福祉サービスについて地方自治体と協力することを拒否した。

- **community** [kəmjúːnəti] 名 共同体、社会
- **refuse** [rifjúːz] 動 拒絶する、断る
- **cooperate** [kouɑ́pəreit] 動 協力する
- **welfare** [wélfèər] 名 福祉、幸福

---

4. Our **district** consists of several small **communities** that regularly **cooperate** with each other.
   われわれの地域は、常に協力し合ういくつかの小さな市町村からなっている。
   - **district** [dístrikt] 名 地域、区域

---

5. The **region** needs to come up with a plan to **stimulate** the dull economy.
   その地域は活気のない経済を刺激するプランを考え出す必要がある。

---

6. He **refused** to accept the **traditions** of his family and dropped out of university.
   彼は家のしきたりを受け入れるのを拒否して、大学を中途退学した。

---

7. The small **communities** that are important to life in Japan are **vanishing** from rural **regions**.
   日本の暮らしにとって重要な小さな生活共同体が、農村地帯から消えつつある。

次のページで爆発する単語は ⇨ **future**

88

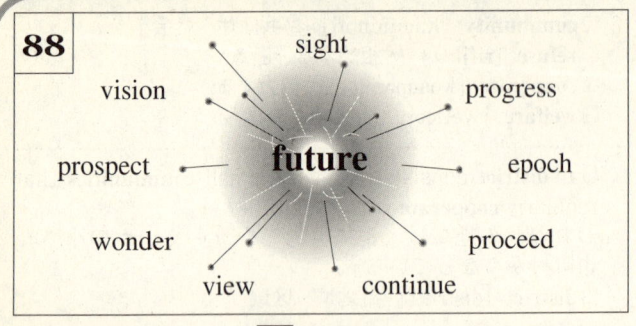

```
         sight
vision           progress
prospect  future  epoch
wonder           proceed
    view    continue
```

🏠 例文観察

1. His **vision** for the **future** includes free health care for all worthy people.
   彼の将来のビジョンには、無料保健医療が対象となるすべての人に適用されることが含まれる。
   □ **vision** [víʒən] 名 視力、想像力
   □ **future** [fjúːtʃər] 名 将来、未来

---

2. The **progress** made in communication technology **continues** to amaze me.
   通信技術における進歩は私を驚かせ続けている。
   □ **progress** [prágres] 名 進歩、発達 [prəgrés] 動 進歩する、前進する
   □ **continue** [kəntínjuː] 動 継続する、続ける

---

3. We have reached a new **epoch** in entertainment with the development of digital television.
   われわれはデジタルテレビの発達とともに、娯楽の新たな時代に到達した。
   □ **epoch** [épək] 名 新時代、時代

4. **Viewing** the familiar **sights** of Kyoto and Nara **continues** to delight her.
   彼女は京都と奈良のなじみの名所を次から次に見物して、大いに楽しんでいる。
   □ **view** [vjúː] 動 見る、眺める 名 眺め、視野、見方（188ページ参照）
   □ **sight** [sáit] 名 見ること、視力、視界

5. His future **prospects** are not good in **view** of the crumbling economy.
   崩壊しつつある経済状態から考えて、彼の将来の見通しは明るくない。
   □ **prospect** [práspekt] 名 見込み、見通し、見晴らし

6. They are **wondering** how to **proceed** with the project in a manner that will guarantee **progress**.
   彼らは発展を保証するやり方でどのようにそのプロジェクトを続けるべきか思案している。
   □ **wonder** [wʌ́ndər] 動 あれこれ思いめぐらす、不思議に思う、驚く
   □ **proceed** [prəsíːd] 動 進む、続ける

7. The **progress** made in bilateral talks **continues** to maintain peace between the two countries.
   ２国間協議の進展により、両国間の平和が維持され続けている。

次のページで爆発する単語は⇨ **period**

89

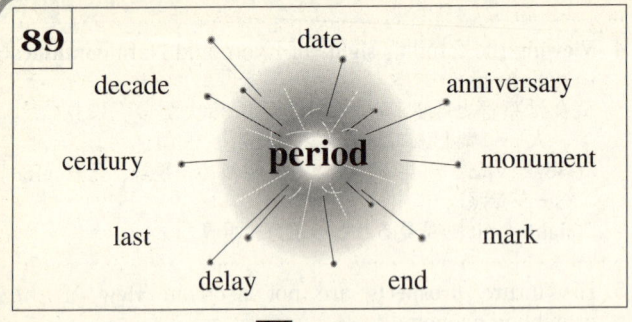

period 関連語: date, decade, anniversary, century, monument, last, mark, delay, end

🏠 例文観察

1. The company experienced a **period** of growth in the last **decade** that continues today.
   その会社は最近の10年間に成長期を経験し、現在もそれが続いている。
   □ **period** [píəriəd] 名 期間、時代、終止符
   □ **decade** [dékeid] 名 10年、10個1組

---

2. Our marriage **lasted** a **decade**, but we **ended** it through mutual agreement.
   私たちの結婚生活は10年間続いたが、協議の末、終止符を打った。
   □ **last** [lǽst] 動 続く、持ちこたえる
   □ **end** [énd] 動 終わる、終わらせる 名 端、終わり、目的

---

3. The **monument** was erected to **mark** the end of the Second World War.
   その記念碑は第2次世界大戦の終結を記念して建てられた。
   □ **monument** [mánjəmənt] 名 記念碑、不朽の業績

□ **mark** [máːrk] 動 印をつける、特徴づける 名 印、跡、記号

---

4. The order was scheduled to arrive last month, but was **delayed** because of a labor strike.
その注文品は先月着く予定だったが、ストライキのために遅れた。
□ **delay** [diléi] 動 延期する、遅らせる 名 延期

---

5. The economic downturn that started in the last **decade** has been carried over into the new **century**.
この10年間に始まった景気の悪化は新世紀になっても続いている。
□ **century** [séntʃəri] 名 世紀、100年間

---

6. Our wedding **anniversary** falls on the same **date** as the Emperor's Birthday.
私たちの結婚記念日は天皇誕生日と同じ日だ。
□ **anniversary** [æniváːrsəri] 名 〜周年記念日、記念行事
□ **date** [déit] 名 日、日付

---

7. The sixties were a **decade marked** with student protests and racial strife in America.
1960年代は学生の抗議運動とアメリカでの人種紛争が目立った10年間であった。

次のページで爆発する単語は⇨ **custom**

第6章 生活・社会

90

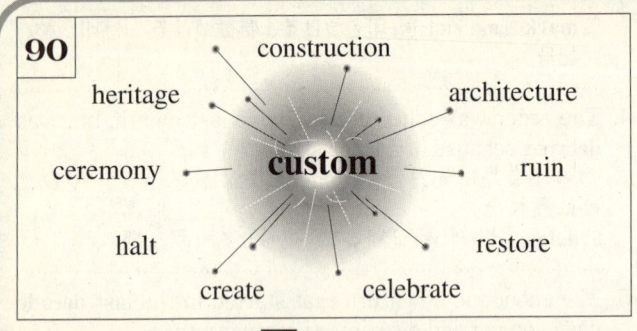

- construction
- heritage
- architecture
- ceremony
- **custom**
- ruin
- halt
- restore
- create
- celebrate

🏠 例文観察

1. Excessive use of cellular phones has **created** a new set of **customs** for everyday life.
   携帯電話の過度の使用は、日常生活に新たな一連の習慣を作り出している。
   □ **create** [kriéit] 動 創造する
   □ **custom** [kʌ́stəm] 名 慣習、(複数形で)関税、税関

2. The government has demanded that **construction** be **halted** owing to the site containing ancient **ruins**.
   その場所には古代遺跡があるために、政府はその建設を中止するように求めた。
   □ **construction** [kənstrʌ́kʃən] 名 建設、構造
   □ **halt** [hɔ́:lt] 動 立ち止まる、停止させる
   □ **ruin** [rú(:)in] 名 廃墟、破滅 動 破滅させる

3. The **ceremony** is held every year to **celebrate** the arrival of spring.
   その儀式は春の到来を祝って毎年行われる。
   □ **ceremony** [sérəmòuni] 名 儀式、祭典

□ **celebrate** [séləbrèit] 動 祝う、賞賛する

---

4. The **architecture** is typical of the 15th century, and work is being carried out to **restore** it.
   その建造物は15世紀の代表的なもので、復元する作業が行われている。
   □ **architecture** [ɑ́ːrkətèktʃər] 名 建築術、建築物
   □ **restore** [ristɔ́ːr] 動 もとに戻す、復職させる

---

5. The **ruins** of the World **Heritage** are being **restored** by a team of expert archaeologists.
   その世界遺産の遺跡は、専門の考古学者グループによって復元されつつある。
   □ **heritage** [hérətidʒ] 名 遺産、伝統

---

6. The **ceremony** was **halted** by a powerful typhoon, but will be held instead next weekend.
   その式典は大型台風のために中止されたが、今度の週末に代わって開かれる予定だ。

---

7. It is our **custom** to **celebrate** Christmas with the whole family every year.
   毎年家族全員でクリスマスを祝うのはわれわれの習慣だ。

次のページで爆発する単語は⇨ museum

第6章 生活・社会

91

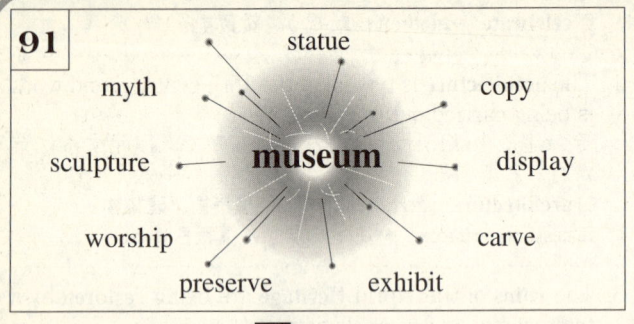

- statue
- myth
- copy
- sculpture
- **museum**
- display
- worship
- carve
- preserve
- exhibit

例文観察

1. The **museum** is **exhibiting** a set of **sculptures** that were discovered recently in Greece.
   その博物館には、最近ギリシャで発見された一群の彫刻作品が展示されている。
   □ **museum** [mjuːzíəm] 名 博物館、美術館
   □ **exhibit** [igzíbit] 動 展示する、示す
   □ **sculpture** [skʌ́lptʃər] 名 彫刻 動 彫刻する

2. The **myths** of ancient Europe are **preserved** in literature that is still popular today.
   古代ヨーロッパの神話は、今日なお人気のある文学の中で生き続けている。
   □ **preserve** [prizə́ːrv] 動 保護する、保存する
   □ **myth** [míθ] 名 神話、神話的人物

3. The **statue** stands eighteen meters tall and is **carved** from the sturdy limestone cliffs.
   その像は高さが18メートルあって、がっしりした石灰岩の崖を刻んで作られている。

- □ **statue** [stǽtʃuː] 名 像
- □ **carve** [káːrv] 動 彫る、刻む

---

4. A **display** of **carved** icons **worshipped** by the Incas is being **exhibited** at the **museum**.
   インカ族によって崇拝されていた彫刻の像の展示会がその博物館で公開されている。
   - □ **display** [displéi] 名 陳列、展示、表示　動 陳列する、展示する
   - □ **worship** [wə́ːrʃəp] 動 崇拝する、賛美する　名 崇拝、賛美

---

5. The original **sculpture** is **preserved** in an air-tight room, but a **copy** is on **display** for the eager public.
   オリジナルの彫刻作品は気密室に保存されているが、複製は熱心な一般大衆のために展示されている。
   - □ **copy** [kápi] 名 写し、コピー

---

6. A **display** of modern **sculpture** is being **exhibited** in the park.
   現代彫刻の展示会がその公園で公開されている。

次のページで爆発する単語は ⇨ **destination**

第6章　生活・社会

92

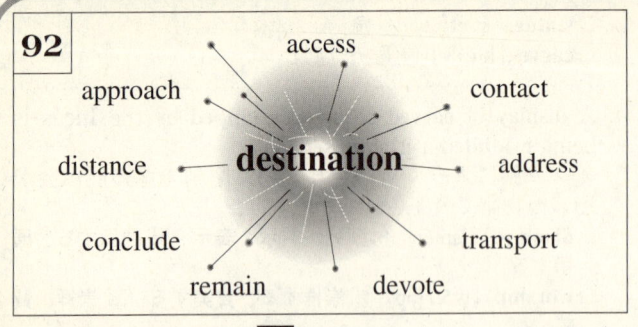

```
              access
approach              contact
distance  destination  address
conclude            transport
        remain   devote
```

例文観察

1. After driving all day, he **concluded** that his **destination remained** out of reach.
   1日中車を走らせたあげく、彼は目的地はまだずっと先なのだと結論づけた。
   □ **conclude** [kənklú:d] 動 終える、結論を下す
   □ **destination** [dèstənéiʃən] 名 目的地、あて先
   □ **remain** [riméin] 動 残る、依然として~である

---

2. The report **concluded** that the **approach** to the airport was too close to residential homes.
   その報告書は空港の進入路が住宅地に接近しすぎていると結論を下した。
   □ **approach** [əpróutʃ] 名 接近 動 近づく、~に近い

---

3. The **distance** that fresh fish must be **transported** requires the use of refrigerated trucks.
   鮮魚を輸送しなければならない遠方には冷凍トラックの使用が必要である。
   □ **distance** [dístəns] 名 距離、遠方

□ **transport** [trænspɔ́ːrt] 動 輸送する、追放する
[trǽnspɔːrt] 名 輸送

---

4. I have a **contact** who might be able to help, but I don't think he has **access** to the data you need.
私には力になれるかもしれないツテはあるが、その人は君が必要とするデータを入手できないと思う。
□ **contact** [kάntækt] 名 付き合い、コネ、接触　動 連絡する
□ **access** [ǽkses] 名 接近　動 アクセスする

---

5. By entering the **address** into the navigation system, I can get to my **destination** with less trouble.
住所をカーナビに入力することで、前より容易に目的地に着ける。
□ **address** [ədrés] 名 あて先、住所、演説　動 演説する、話しかける

---

6. He **devoted** three years to writing the book, but it remains unpublished.
彼はその本の執筆に3年も費やしたのに、いまだに本は未刊のままだ。
□ **devote** [divóut] 動 捧げる、時間を当てる

---

7. The stubborn actor refused all **approaches** by the press with regards to his gambling habits.
その頑固な男優は、彼のギャンブル癖の件で記者が取材の話を持ちかけてくるのをすべて拒否した。

次のページで爆発する単語は ⇨　post

93

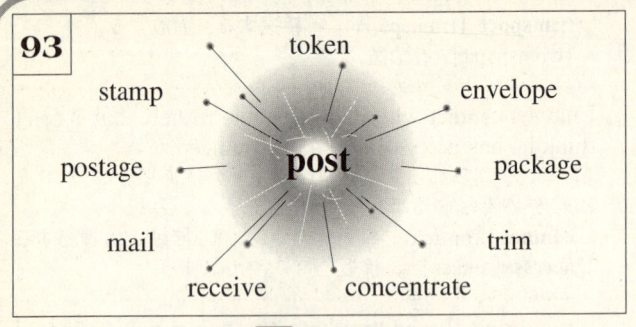

- token
- stamp
- envelope
- postage
- **post**
- package
- mail
- trim
- receive
- concentrate

🏠 例文観察

1. He paid the **postage** and dropped the **envelope** into the **post** box.
   彼は郵送料を払い、その封筒を郵便ポストに投函した。
   - □ **postage** [póustidʒ] 名 郵便料
   - □ **envelope** [énvəlòup] 名 封筒
   - □ **post** [póust] 名 郵便、郵便物、郵便ポスト 動 ポストに入れる

2. I **mailed** the **package** yesterday, so you should **receive** it today.
   その小包は昨日郵送したので、あなたは今日受け取れるはずです。
   - □ **mail** [méil] 動 郵送する、(電子)メールで送る 名 郵便、郵便物
   - □ **package** [pǽkidʒ] 名 包み、小包
   - □ **receive** [risíːv] 動 受け取る、受領する

3. He **concentrated** on **trimming** the **stamp** from the **envelope** for his collection.

彼はコレクションに加えるため、その切手を封筒から切り取るのに専念した。
- **concentrate** [kánsəntrèit] 動集中する、集まる
- **trim** [trím] 動刈り込む、整える 名準備、調子
- **stamp** [stǽmp] 名切手、刻印、消印 動スタンプで押す、踏みつける

---

4. She exchanged fifty dollars for **tokens** to play on the slot machines.
   彼女はスロットマシーンで遊ぼうと、50ドルをトークンに両替した。
   - **token** [tóukn] 名印、記念品、代用貨幣 形形だけの

---

5. We **receive post** only once a day in this part of the town.
   町のこの地域では、郵便物を受け取るのは1日1回だけです。

---

6. The **package** he **received** from Germany did not have enough **postage** paid.
   彼がドイツから受け取った小包には、郵送料が必要なだけ支払われていなかった。

---

7. **Packages mailed** to certain countries in the world take several weeks to arrive.
   世界の中で国によっては、郵送された荷物が到着するのに数週間かかることがある。

次のページで爆発する単語は⇨ **traffic**

94

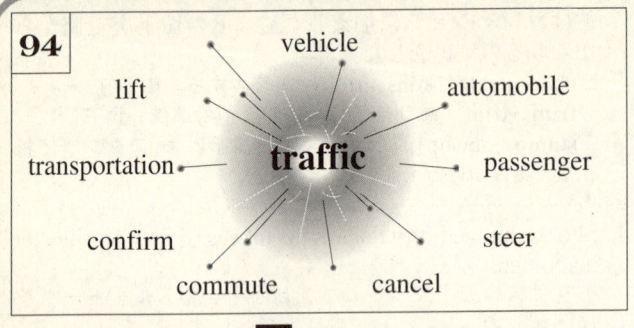

vehicle
lift
automobile
transportation
traffic
passenger
confirm
steer
commute
cancel

🏠 例文観察

1. He **steered** the **vehicle** into the **traffic** and headed home.
   彼は往来の中へと車を進め、家へ向かった。
   □ **steer** [stíər] 動 舵をとる、操縦する
   □ **vehicle** [ví:əkl] 名 乗りもの、媒介物
   □ **traffic** [trǽfik] 名 交通、往来

---

2. He **commutes** to work by **automobile** every day.
   彼は毎日自動車で通勤している。
   □ **commute** [kəmjú:t] 動 通勤する、通学する
   □ **automobile** [ɔ́:təmoubì:l] 名 自動車

---

3. The company provided me with **transportation** to the airport.
   会社は私に空港までの乗りものを提供してくれた。
   □ **transportation** [trænspərtéiʃən] 名 輸送、乗りもの

---

4. He **confirmed** there was no **traffic** coming before pulling out.
   彼は(追い越そうと)車線から出る前に、対向車がいな

いことを確認した。
□ **confirm** [kənfə́ːrm] 動 確認する、確証する

---

5. She gave him a **lift** to the station in her **automobile**.
   彼女は自分の車で彼を駅まで乗せてあげた。
   □ **lift** [líft] 名 乗せること、持ち上げること　動 持ち上げる、上がる

---

6. His **passenger confirmed** that he had not been drinking.
   彼の乗客は彼がずっと酒を飲み続けていなかったことを確認した。
   □ **passenger** [pǽsəndʒər] 名 乗客、旅客

---

7. His license was **cancelled** after he was booked for speeding three times.
   彼は3回スピード違反したかどで調書を取られた後、免許を取り消された。
   □ **cancel** [kǽnsl] 動 取り消す、無効にする

次のページで爆発する単語は⇨　**visa**

95

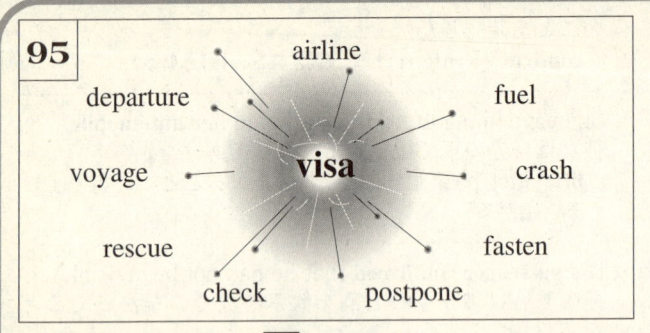

- airline
- departure
- fuel
- voyage
- **visa**
- crash
- rescue
- fasten
- check
- postpone

例文観察

1. He **postponed** his **departure** because his **visa** was delayed.
   ビザ(の発給)が遅れたために、彼は出発を延期した。
   □ **postpone** [poustpóun] 動 延期する
   □ **departure** [dipá:rtʃər] 名 出発
   □ **visa** [ví:zə] 名 ビザ、査証

2. They **rescued** only fifteen survivors from the terrible plane **crash**.
   彼らはその恐ろしい飛行機墜落事故からたった15人の生存者しか救出できなかった。
   □ **rescue** [réskju:] 動 救う、救出する
   □ **crash** [kræʃ] 名 すさまじい音、衝突、暴落

3. You'd better **check** that you have enough **fuel** before your **departure**.
   出発の前に燃料が十分あるか点検しなさい。
   □ **check** [tʃék] 動 確かめる、止める 名 小切手、照合 (14ページ参照)

□ **fuel** [fjúːəl] 名 燃料

---

4. He **fastened** his seat belt and picked up the magazine issued by the **airline**.
   彼はシートベルトを締めると、航空会社が発行している雑誌を手に取った。
   □ **fasten** [fæsn] 動 しっかり固定する、締める
   □ **airline** [éərlàin] 名 航空会社、定期航空路

---

5. The **voyage** was supposed to include a visit to Singapore, but it was cancelled owing to bad weather.
   その船旅にはシンガポールへの寄港が含まれていたが、悪天候のために中止になった。
   □ **voyage** [vɔ́iidʒ] 名 航海 動 航海する

---

6. He **checked** the time of **departure** with the airline before leaving home.
   彼は家を出る前に航空会社に出発の時刻を確かめた。

---

7. The **crash** resulted in all flights being **postponed**.
   その墜落事故ですべての便が延期されることになった。

次のページで爆発する単語は⇨ **baggage**

第6章 生活・社会

96

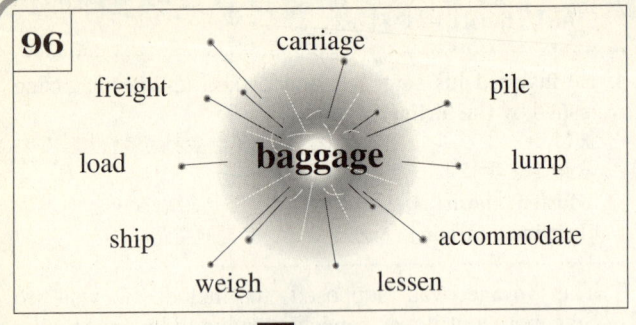

- carriage
- freight
- pile
- load
- **baggage**
- lump
- ship
- accommodate
- weigh
- lessen

例文観察

1. Passenger **baggage** was left in **piles** on the apron when the airline strike began.
   航空会社がストライキに入ると、乗客の手荷物はエプロンに山積みのまま放置された。
   □ **baggage** [bǽgidʒ] 名 手荷物、荷物
   □ **pile** [páil] 名 積み重ね、多量 動 積み上げる、山積みになる

2. **Shipping freight** via the Suez Canal requires much organization and paperwork.
   スエズ運河経由で貨物を輸送するには多くの準備や書類を整える必要がある。
   □ **ship** [ʃíp] 動 送る、輸送する、船積みする 名 船
   □ **freight** [fréit] 名 貨物、貨物運送、運賃

3. The first-class **carriage accommodates** fifty-two people.
   その1等車両には52人が乗れる。
   □ **carriage** [kǽridʒ] 名 車両、乗りもの、車
   □ **accommodate** [əkámədèit] 動 宿泊させる、収容する、適

276

応させる

4. The **load** was removed from the truck and **weighed** at the border.
   積荷は国境でトラックから下ろされ、重さが量られた。
   □ load [lóud] 名 荷、積載量
   □ weigh [wéi] 動 重さを量る、重さが〜である、よく考える

5. The medicine greatly **lessened** the pain.
   その薬は大いに痛みをやわらげてくれた。
   □ lessen [lés(ə)n] 動 小さくする、減らす

6. The **freight** was **piled** in **lumps** on both sides of the cargo area.
   その貨物は貨物置き場の両側に山積みにされていた。
   □ lump [lʌ́mp] 名 かたまり、こぶ　動 ひとかたまりにする

7. We had to send our **baggage** by special delivery as the car couldn't **accommodate** it.
   私たちは手荷物を車に乗せられなかったので、速達便で送らなければならなかった。

次のページで爆発する単語は⇨ tourism

97

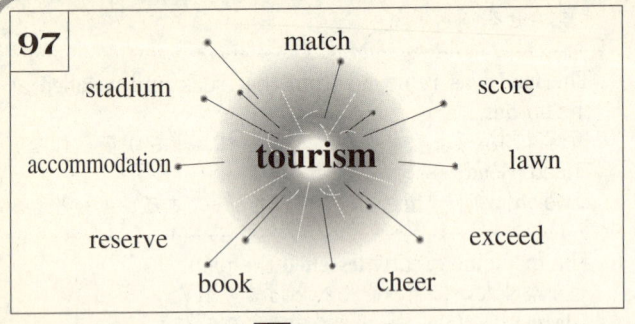

- match
- stadium
- score
- accommodation
- **tourism**
- lawn
- reserve
- exceed
- book
- cheer

🏠 例文観察

1. **Tourism** has increased since international soccer **matches** are held in the area.
   国際サッカー試合がその地域で開催されて以来、観光客が増えてきている。
   □ **tourism** [túərìzm] 名 観光旅行、観光事業
   □ **match** [mǽtʃ] 名 試合、競技、競争相手 動 対抗させる、匹敵する

2. They **booked** decent **accommodation** as close to the **stadium** as possible.
   彼らはできるだけスタジアムに近い所に、まあまあの宿を予約した。
   □ **book** [búk] 動 予約する
   □ **accommodation** [əkɑ̀mədéiʃən] 名 宿泊設備
   □ **stadium** [stéidiəm] 名 競技場、スタジアム

3. He **reserved** tickets for the match so he could **cheer** on the national team.
   彼はその試合のチケットが取れたので、ナショナルチ

ームに声援を送ることできた。
- □ **reserve** [rizə́ːrv] 動 取っておく、予約する
- □ **cheer** [tʃíər] 動 かっさいを送る、元気づける 名 歓呼、声援、激励

---

4. The **score exceeded** even my expectations when they won five-zero.
   彼らが5対0で勝ったときのスコアは、私の予想さえも超えるものだった。
   - □ **score** [skɔ́ːr] 名 得点、楽譜 動 得点する
   - □ **exceed** [iksíːd] 動 超える、勝る

---

5. The staff at Wimbledon spend an entire year making the **lawns** perfect for the tennis tournament.
   ウィンブルドンのスタッフは、まる1年をかけて芝生をテニストーナメントに最適な状態にする。
   - □ **lawn** [lɔ́ːn] 名 芝生

---

6. I prefer to **cheer** my team on television, and rarely see them play live at the **stadium**.
   私はテレビでひいきのチームを応援するほうが好きで、スタジアムで彼らがプレイするのを生で観戦することはめったにない。

---

7. **Tourism** figures for this year have **exceeded** those for last year.
   今年の観光客の数は、昨年の数を上回っている。

次のページで爆発する単語は ⇨ **broadcast**

98

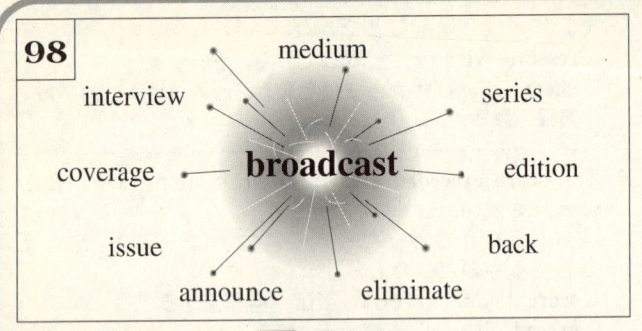

```
           medium
interview            series
coverage   broadcast   edition
  issue              back
       announce  eliminate
```

例文観察

1. An **interview** with the prime minister was included in the **broadcast**.
   総理大臣との会見がその放送内容に入れられた。
   □ **interview** [íntərvjùː] 名 会見、インタビュー、面接
   □ **broadcast** [brɔ́ːdkæst] 名 放送、放送番組 動 放送する

---

2. The **series** was **eliminated** after it failed to reach projected ratings.
   そのシリーズものは予想視聴率に届かなかったので、はずされた。
   □ **series** [síəri(ː)z] 名 続きもの、シリーズもの、連続
   □ **eliminate** [ilímənèit] 動 取り除く、削除する

---

3. The latest **edition** of the magazine was **issued** last week.
   その雑誌の最新号は先週発行された。
   □ **edition** [idíʃən] 名 版
   □ **issue** [íʃuː] 名 発行(物)、問題 動 発行する（58ページ参照）

4. The best **medium** for relaying the news is still television **broadcasts**.
 ニュースを伝えるのに最高のメディアはやはりテレビ放送だ。
 □ **medium** [míːdiəm] 名 中間、手段 形 並みの、中間の

5. The company **announced** that the new **edition** of the dictionary will be published in the CD-ROM **medium**.
 会社はその辞書の新版がＣＤ－ＲＯＭメディアで出版されると発表した。
 □ **announce** [ənáuns] 動 公表する、発表する、知らせる

6. The **broadcasting** company decided to **back coverage** of the conflict despite the danger to reporters.
 記者にとって危険なことであるにもかかわらず、放送会社はその紛争報道を支援することに決めた。
 □ **back** [bæk] 動 支援する、支持する、後退させる 名 背、後部 形 後ろの 副 後ろへ、もとへ
 □ **coverage** [kʌ́vərɪdʒ] 名 報道範囲、放送範囲、報道

7. The **broadcast** covered the hostage situation, but **eliminated interviews** with relatives.
 その放送は人質の状況を報道したが、親類縁者とのインタビューは省いた。

次のページで爆発する単語は⇨ **crop**

99

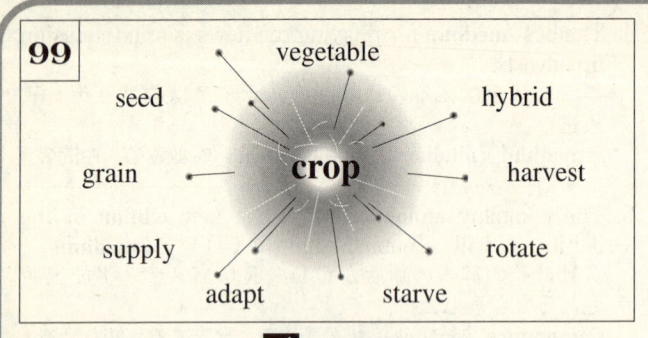

- vegetable
- seed
- grain
- supply
- adapt
- **crop**
- hybrid
- harvest
- rotate
- starve

例文観察

1. Most farmers **rotate** their **crops** in order to make the best use of their land.
   ほとんどの農民は土地を最大限に利用するために作物を輪作する。
   □ **rotate** [róuteit] 動 輪作する、回転させる、回転する
   □ **crop** [kráp] 名 作物、収穫高

2. The people of North Africa will **starve** if this year's **harvest** is as bad as last year's.
   もし今年の収穫が去年と同様に不作であれば、北アフリカの人々は餓死するだろう。
   □ **starve** [stá:*r*v] 動 飢える、餓死する
   □ **harvest** [há:*r*vist] 名 収穫、作物 動 収穫する

3. The **seed** is sown in spring, and the crop **harvested** in autumn.
   種は春にまかれ、作物は秋に収穫される。
   □ **seed** [sí:d] 名 種、もと

4. **Hybrid grain** that has been **adapted** to winter harvesting is now widely used.
   冬に収穫できるように改良されてきたハイブリッド穀物が、今や広く使われている。
   □ **hybrid** [háibrid] 名 交配種、雑種　形 雑種の、混成の
   □ **grain** [gréin] 名 穀物、穀物の粒
   □ **adapt** [ədǽpt] 動 適応させる、改作する

---

5. Most of the **vegetables supplied** to this market are produced locally.
   このマーケットに供給される野菜の大部分が地元で生産されている。
   □ **vegetable** [védʒətəbl] 名 野菜
   □ **supply** [səplái] 動 供給する、支給する（34ページ参照）

---

6. The **grain** used to feed his cattle is a **hybrid** version that includes more protein.
   彼の畜牛の飼料に用いられている穀類は、たんぱく質をより多く含んでいるハイブリッドものだ。

---

7. Farmers have to **adapt** to present conditions and **supply vegetables** at lower costs.
   農民は現状に順応し、より低価格で野菜を供給しなければならない。

次のページで爆発する単語は⇨ **meal**

100

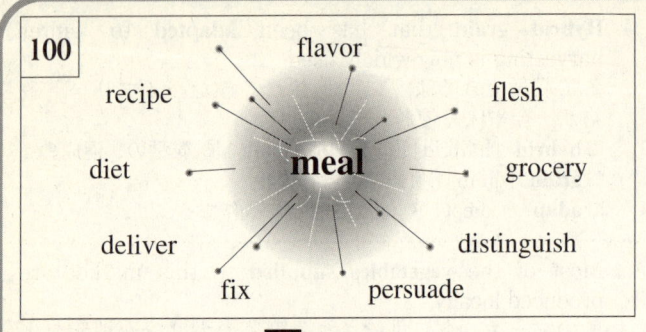

- flavor
- recipe
- flesh
- diet
- **meal**
- grocery
- deliver
- distinguish
- fix
- persuade

🏠 例文観察

1. I **persuaded** the section manager to take us all out for a **meal**.
   私は課長を説き伏せて、私たちみんなを食事に連れて行ってもらった。
   □ **persuade** [pərswéid] 動 説得する、説得して〜させる
   □ **meal** [míːl] 名 食事、食事の時間

2. We get most of our **groceries delivered** by the local supermarket.
   うちの食料品のほとんどは、地元のスーパーから配達してもらっている。
   □ **grocery** [gróusəri] 名 食料雑貨(店)
   □ **deliver** [dilívər] 動 配達する、述べる

3. The nutritionist **fixed** a boring **diet** for him that is high in fiber and roughage.
   その栄養士は、食物繊維や繊維質が多いうんざりするような食事を彼のために用意した。
   □ **fix** [fíks] 動 整える、用意する

284

□ **diet** [dáiət] 名 食事療法、国会　動 減食する、規定食をとる

---

4. It is difficult to **distinguish** between the **flavor** of Californian and Australian wine.
カリフォルニアワインとオーストラリアワインの風味を区別するのは難しい。
□ **distinguish** [distíŋgwiʃ] 動 区別する、見分ける
□ **flavor** [fléivər] 名 風味、味　動 風味を添える、味付けする

---

5. The ingredients used in his **recipe distinguish** it from the cakes available in other bakeries.
彼の作り方で使われる材料を見れば、ほかのパン屋で手に入るケーキとは違うのがわかる。
□ **recipe** [résəpi] 名 調理法、レシピ

---

6. The **diet** fed to Matsuzaka cattle is designed to marble the **flesh** with fat.
松坂牛に与えられる飼料は、肉を脂身で霜降りにするように考えられている。
□ **flesh** [fléʃ] 名 肉、肉体

---

7. She **persuaded** us to stay longer while she was **fixing** us a **meal**.
彼女は食事を用意しながら、私たちを説得して滞在を延ばさせた。

Review Quiz

第6章

1 彼はその仕事で必要になる道具のリストを作った。
He (c   ) a list of the (t   ) he would need for the job.

2 その機器はレーザー光線を使うもので、距離を測定するために発明された。
This (i   ) employs a laser beam and was (i   ) to measure distances.

3 その装置には水圧を監視する計器がついている。
The (d   ) is equipped with a (g   ) to monitor hydraulic pressure.

4 彼はコンピューターに表計算ソフトをインストールし、数値を入力し始めた。
He (i   ) the spreadsheet (a   ) into his computer and began entering the figures.

5 彼は機械装置の背後に手を差し込んでこわれたネジをはずした。
He (i   ) his hand into the back of the (m   ) and removed the broken screw.

6 その器具は使用するたびに殺菌装置の中に入れられる。
The (i   ) are (i   ) into a sterilizer after every use.

7 台所での時間を減らすために、数多くの道具が発明されてきた。
A large number of (d   ) have been (i   ) to reduce time in the kitchen.

8 人口は農村地帯から大都会へと流入している。
The (p   ) is (f   ) from rural areas into the major cities.

9 今の世代は前の世代よりも背が高いことが明らかになっている。
It has been (d   ) that the present (g   ) is taller than the previous (g   ).

10 群衆がその新しいデパートの前に集まっていたが、雨が降り出すとまばらになった。
The (c   ) gathered in front of the new department store, but (f   ) when it started to rain.

11 そのデモには全国各地から多くの人々が集まった。
The demonstration attracted a (m   ) of people from all parts of the country.

12 国境を越えて流れてくる移住者は、その都市の人種別統計に変化をもたらしている。
The immigrants flowing over the border are affecting the (r   ) (m   ) statistics of the city.

13 大多数の若者は大学生の年齢で村を離れ、このために労働人口が減少している。
The (m   ) of young people leave the village at university age, and this (r   ) our labor force.

14 地球上のすべての人種はアフリカのある1つの場所から発生したことが確定されている。
It has been (d   ) that all of the (r   ) on the earth originated from a single location in Africa.

15 近所の住民の多くが地元の春祭りに参加します。
Many of the (c   ) in my (n   ) (p   ) in the local spring festival.

16 隣に住む一家は単なる隣人だが、まるでうちの親戚のように振舞う。
The family next door are only (n   ), but they (a   ) as if they were (r   ).

P.254 / P.255

第6章 生活・社会

17 地域住民の1人として、私にはその工場の新設について抗議する権利がある。
As a (r   ) of the area, I (p   ) the right to complain about the construction of a new factory.

18 その新婚夫婦はホールの入り口に立って、順番に親類縁者1人1人に挨拶した。
The newly married couple stood at the entrance to the hall and (g   ) each of their (r   ) in turn.

19 その会社は地元住民ときわめて良好な関係を維持している。
The company maintains excellent (r   ) with the local (c   ).

20 彼はその村でインターネットの処理能力があるただ1人の住人だ。
He is the only (r   ) of the village who (p   ) Internet capabilities.

21 市長はその集会で地域住民に挨拶をした。
The mayor (g   ) the people of the (n   ) at the meeting.

22 見積書にある値段には、最低の料金で最大限のサービスが含まれている。
The (f   ) on the quotation includes the (m   ) of services for the minimum of money.

23 彼の投資は今ごろはもう100万ドル以上の価値があるに違いないと思う。
I (s   ) his investments must be worth more than one (m   ) dollars by now.

24 ケーキは4等分され、子供たちはそれぞれ同じ量を食べた。
The cake was (d   ) into (q   ), so each of the children had the same amount.

25 私の給料の控除額の割合は年ごとに増えているようだ。
The (p   ) of stoppages on my salary seems to get larger every year.

26 毎夜アルバイトをすることで、薄給を倍増する手だてを得られるだろう。
Taking a second job at nights will provide the (m   ) to (d   ) my petty salary.

27 今日オフィスで、チャリティーに寄付するよう勧められた。
I was (i   ) to give a donation to charity in the office today.

28 妻が別居手当として要求している途方もない金額ときたら、私の収入と不つり合いだ。
The ridiculous (f   ) my wife is demanding for alimony is out of (p   ) to my income.

29 われわれの祖先の伝統は、現代社会から徐々に消えつつある。
The (t   ) of our forerunners are slowly (v   ) from modern (s   ).

30 その地域の観光事業を刺激しようと、ある広告のプロジェクトが始動している。
An advertising project has been activated to (s   ) tourism in the (r   ).

31 そこの地域住民は、削減された福祉サービスについて地方自治体と協力することを拒否した。
The (c   ) (r   ) to (c   ) with the local government on reduced (w   ) services.

32 われわれの地域は、常に協力し合ういくつかの小さな市町村からなっている。
Our (d   ) consists of several small (c   ) that regularly (c   ) with each other.

P.258 〜 P.259

第6章 生活・社会

33 その地域は活気のない経済を刺激するプランを考え出す必要がある。
The (r   ) needs to come up with a plan to (s   ) the dull economy.

34 彼は家のしきたりを受け入れるのを拒否して、大学を中途退学した。
He (r   ) to accept the (t   ) of his family and dropped out of university.

35 日本の暮らしにとって重要な小さな生活共同体が、農村地帯から消えつつある。
The small (c   ) that are important to life in Japan are (v   ) from rural (r   ).

36 彼の将来のビジョンには、無料保健医療が対象となるすべての人に適用されることが含まれる。
His (v   ) for the (f   ) includes free health care for all worthy people.

P.260
〜
P.261

37 通信技術における進歩は私を驚かせ続けている。
The (p   ) made in communication technology (c   ) to amaze me.

38 われわれはデジタルテレビの発達とともに、娯楽の新たな時代に到達した。
We have reached a new (e   ) in entertainment with the development of digital television.

39 彼女は京都と奈良のなじみの名所を次から次に見物して、大いに楽しんでいる。
(V   ) the familiar (s   ) of Kyoto and Nara (c   ) to delight her.

40 崩壊しつつある経済状態から考えて、彼の将来の見通しは明るくない。
His future (p   ) are not good in (v   ) of the crumbling economy.

41 彼らは発展を保証するやり方でどのようにそのプロジェクトを続けるべきか思案している。
They are (w   ) how to (p   ) with the project in a manner that will guarantee (p   ).

42 2国間協議の進展により、両国間の平和が維持され続けている。
The (p   ) made in bilateral talks (c   ) to maintain peace between the two countries.

43 その会社は最近の10年間に成長期を経験し、現在もそれが続いている。
The company experienced a (p   ) of growth in the last (d   ) that continues today.

44 私たちの結婚生活は10年間続いたが、協議の末、終止符を打った。
Our marriage (l   ) a (d   ), but we (e   ) it through mutual agreement.

45 その記念碑は第2次世界大戦の終結を記念して建てられた。
The (m   ) was erected to (m   ) the end of the Second World War.

46 その注文品は先月着く予定だったが、ストライキのために遅れた。
The order was scheduled to arrive last month, but was (d   ) because of a labor strike.

47 この10年間に始まった景気の悪化は新世紀になっても続いている。
The economic downturn that started in the last (d   ) has been carried over into the new (c   ).

48 私たちの結婚記念日は天皇誕生日と同じ日だ。
Our wedding (a   ) falls on the same (d   ) as the Emperor's Birthday.

49 1960年代は学生の抗議運動とアメリカでの人種紛争が目立った10年間であった。
The sixties were a (d)(m) with student protests and racial strife in America.

50 携帯電話の過度の使用は、日常生活に新たな一連の習慣を作り出している。
Excessive use of cellular phones has (c) a new set of (c) for everyday life.

P.264 〜 P.265

51 その場所には古代遺跡があるために、政府はその建設を中止するように求めた。
The government has demanded that (c) be (h) owing to the site containing ancient (r).

52 その儀式は春の到来を祝って毎年行われる。
The (c) is held every year to (c) the arrival of spring.

53 その建造物は15世紀の代表的なもので、復元する作業が行われている。
The (a) is typical of the 15th century, and work is being carried out to (r) it.

54 その世界遺産の遺跡は、専門の考古学者グループによって復元されつつある。
The (r) of the World (H) are being (r) by a team of expert archaeologists.

55 その式典は大型台風のために中止されたが、今度の週末に代わって開かれる予定だ。
The (c) was (h) by a powerful typhoon, but will be held instead next weekend.

56 毎年家族全員でクリスマスを祝うのはわれわれの習慣だ。
It is our (c) to (c) Christmas with the whole family every year.

57 その博物館には、最近ギリシャで発見された一群の彫刻作品が展示されている。
The (m   ) is (e   ) a set of (s   ) that were discovered recently in Greece.

58 古代ヨーロッパの神話は、今日なお人気のある文学の中で生き続けている。
The (m   ) of ancient Europe are (p   ) in literature that is still popular today.

59 その像は高さが18メートルあって、がっしりした石灰岩の崖を刻んで作られている。
The (s   ) stands eighteen meters tall and is (c   ) from the sturdy limestone cliffs.

60 インカ族によって崇拝されていた彫刻の像の展示会がその博物館で公開されている。
A (d   ) of (c   ) icons (w   ) by the Incas is being (e   ) at the (m   ).

61 オリジナルの彫刻作品は気密室に保存されているが、複製は熱心な一般大衆のために展示されている。
The original (s   ) is (p   ) in an air-tight room, but a (c   ) is on (d   ) for the eager public.

62 現代彫刻の展示会がその公園で公開されている。
A (d   ) of modern (s   ) is being (e   ) in the park.

63 1日中車を走らせたあげく、彼は目的地はまだずっと先なのだと結論づけた。
After driving all day, he (c   ) that his (d   ) (r   ) out of reach.

64 その報告書は空港の進入路が住宅地に接近しすぎていると結論を下した。
The report (c   ) that the (a   ) to the airport was too close to residential homes.

第6章　生活・社会

65 鮮魚を輸送しなければならない遠方には冷凍トラックの使用が必要である。
The (d   ) that fresh fish must be (t   ) requires the use of refrigerated trucks.

66 私には力になれるかもしれないツテはあるが、その人は君が必要とするデータを入手できないと思う。
I have a (c   ) who might be able to help, but I don't think he has (a   ) to the data you need.

67 住所をカーナビに入力することで、前より容易に目的地に着ける。
By entering the (a   ) into the navigation system, I can get to my (d   ) with less trouble.

68 彼はその本の執筆に3年も費やしたのに、いまだに本は未刊のままだ。
He (d   ) three years to writing the book, but it remains unpublished.

69 その頑固な男優は、彼のギャンブル癖の件で記者が取材の話を持ちかけてくるのをすべて拒否した。
The stubborn actor refused all (a   ) by the press with regards to his gambling habits.

70 彼は郵送料を払い、その封筒を郵便ポストに投函した。
He paid the (p   ) and dropped the (e   ) into the (p   ) box.

71 その小包は昨日郵送したので、あなたは今日受け取れるはずです。
I (m   ) the (p   ) yesterday, so you should (r   ) it today.

72 彼はコレクションに加えるため、その切手を封筒から切り取るのに専念した。
He (c   ) on (t   ) the (s   ) from the (e   ) for his collection.

73 彼女はスロットマシーンで遊ぼうと、50ドルをトークンに両替した。
She exchanged fifty dollars for (t) to play on the slot machines.

74 町のこの地域では、郵便物を受け取るのは1日1回だけです。
We (r) (p) only once a day in this part of the town.

75 彼がドイツから受け取った小包には、郵送料が必要なだけ支払われていなかった。
The (p) he (r) from Germany did not have enough (p) paid.

76 世界の中で国によっては、郵送された荷物が到着するのに数週間かかることがある。
(P) (m) to certain countries in the world take several weeks to arrive.

77 彼は往来の中へと車を進め、家へ向かった。
He (s) the (v) into the (t) and headed home.

P.272〜P.273

78 彼は毎日自動車で通勤している。
He (c) to work by (a) every day.

79 会社は私に空港までの乗りものを提供してくれた。
The company provided me with (t) to the airport.

80 彼は(追い越そうと)車線から出る前に、対向車がいないことを確認した。
He (c) there was no (t) coming before pulling out.

81 彼女は自分の車で彼を駅まで乗せてあげた。
She gave him a (l) to the station in her (a).

82 彼の乗客は彼がずっと酒を飲み続けていなかったことを確

認した。
His (p   ) (c   ) that he had not been drinking.

83 彼は3回スピード違反したかどで調書を取られた後、免許を取り消された。
His license was (c   ) after he was booked for speeding three times.

84 ビザ(の発給)が遅れたために、彼は出発を延期した。
He (p   ) his (d   ) because his (v   ) was delayed.

85 彼らはその恐ろしい飛行機墜落事故からたった15人の生存者しか救出できなかった。
They (r   ) only fifteen survivors from the terrible plane (c   ).

86 出発の前に燃料が十分あるか点検しなさい。
You'd better (c   ) that you have enough (f   ) before your (d   ).

87 彼はシートベルトを締めると、航空会社が発行している雑誌を手に取った。
He (f   ) his seat belt and picked up the magazine issued by the (a   ).

88 その船旅にはシンガポールへの寄港が含まれていたが、悪天候のために中止になった。
The (v   ) was supposed to include a visit to Singapore, but it was cancelled owing to bad weather.

89 彼は家を出る前に航空会社に出発の時刻を確かめた。
He (c   ) the time of (d   ) with the airline before leaving home.

90 その墜落事故ですべての便が延期されることになった。
The (c   ) resulted in all flights being (p   ).

91 航空会社がストライキに入ると、乗客の手荷物はエプロン

に山積みのまま放置された。
Passenger (b　　) was left in (p　　) on the apron when the airline strike began.

92 スエズ運河経由で貨物を輸送するには多くの準備や書類を整える必要がある。
(S　　) (f　　) via the Suez Canal requires much organization and paperwork.

93 その1等車両には52人が乗れる。
The first-class (c　　) (a　　) fifty-two people.

94 積荷は国境でトラックから下ろされ、重さが量られた。
The (l　　) was removed from the truck and (w　　) at the border.

95 その薬は大いに痛みをやわらげてくれた。
The medicine greatly (l　　) the pain.

96 その貨物は貨物置き場の両側に山積みにされていた。
The (f　　) was (p　　) in (l　　) on both sides of the cargo area.

97 私たちは手荷物を車に乗せられなかったので、速達便で送らなければならなかった。
We had to send our (b　　) by special delivery as the car couldn't (　　) it.

98 国際サッカー試合がその地域で開催されて以来、観光客が増えてきている。
(T　　) has increased since international soccer (m　　) are held in the area.

P.278〜P.279

99 彼らはできるだけスタジアムに近い所に、まあまあの宿を予約した。
They (b　　) decent (a　　) as close to the (s　　) as possible.

100 彼はその試合のチケットが取れたので、ナショナルチーム

に声援を送ることできた。
He (r　　) tickets for the match so he could (c　　) on the national team.

101 彼らが5対0で勝ったときのスコアは、私の予想さえも超えるものだった。
The (s　　) (e　　) even my expectations when they won five-zero.

102 ウィンブルドンのスタッフは、まる1年をかけて芝生をテニストーナメントに最適な状態にする。
The staff at Wimbledon spend an entire year making the (l　　) perfect for the tennis tournament.

103 私はテレビでひいきのチームを応援するほうが好きで、スタジアムで彼らがプレイするのを生で観戦することはめったにない。
I prefer to (c　　) my team on television, and rarely see them play live at the (s　　).

104 今年の観光客の数は、昨年の数を上回っている。
(T　　) figures for this year have (e　　) those for last year.

105 総理大臣との会見がその放送内容に入れられた。
An (i　　) with the prime minister was included in the (b　　).

106 そのシリーズものは予想視聴率に届かなかったので、はずされた。
The (s　　) was (e　　) after it failed to reach projected ratings.

107 その雑誌の最新号は先週発行された。
The latest (e　　) of the magazine was (i　　) last week.

108 ニュースを伝えるのに最高のメディアはやはりテレビ放送だ。

The best (m) for relaying the news is still television (b).

109 会社はその辞書の新版がＣＤ－ＲＯＭメディアで出版されると発表した。
The company (a) that the new (e) of the dictionary will be published in the CD-ROM (m).

110 記者にとって危険なことであるにもかかわらず、放送会社はその紛争報道を支援することに決めた。
The (b) company decided to (b) (c) of the conflict despite the danger to reporters.

111 その放送は人質の状況を報道したが、親類縁者とのインタビューは省いた。
The (b) covered the hostage situation, but (e) (i) with relatives.

112 ほとんどの農民は土地を最大限に利用するために作物を輪作する。
Most farmers (r) their (c) in order to make the best use of their land.

113 もし今年の収穫が去年と同様に不作であれば、北アフリカの人々は餓死するだろう。
The people of North Africa will (s) if this year's (h) is as bad as last year's.

114 種は春にまかれ、作物は秋に収穫される。
The (s) is sown in spring, and the crop (h) in autumn.

115 冬に収穫できるように改良されてきたハイブリッド穀物が、今や広く使われている。
(H) (g) that has been (a) to winter harvesting is now widely used.

116 このマーケットに供給される野菜の大部分が地元で生産されている。

Most of the (v   ) (s   ) to this market are produced locally.

117 彼の畜牛の飼料に用いられている穀類は、たんぱく質をより多く含んでいるハイブリッドものだ。
The (g   ) used to feed his cattle is a (h   ) version that includes more protein.

118 農民は現状に順応し、より低価格で野菜を供給しなければならない。
Farmers have to (a   ) to present conditions and (s   ) (v   ) at lower costs.

119 私は課長を説き伏せて、私たちみんなを食事に連れて行ってもらった。
I (p   ) the section manager to take us all out for a (m   ).

120 うちの食料品のほとんどは、地元のスーパーから配達してもらっている。
We get most of our (g   ) (d   ) by the local supermarket.

121 その栄養士は、食物繊維や繊維質が多いうんざりするような食事を彼のために用意した。
The nutritionist (f   ) a boring (d   ) for him that is high in fiber and roughage.

122 カリフォルニアワインとオーストラリアワインの風味を区別するのは難しい。
It is difficult to (d   ) between the (f   ) of Californian and Australian wine.

123 彼の作り方で使われる材料を見れば、ほかのパン屋で手に入るケーキとは違うのがわかる。
The ingredients used in his (r   ) (d   ) it from the cakes available in other bakeries.

124 松坂牛に与えられる飼料は、肉を脂身で霜降りにするよう

に考えられている。
The (d   ) fed to Matsuzaka cattle is designed to marble the (f   ) with fat.

125 彼女は食事を用意しながら、私たちを説得して滞在を延ばさせた。
She (p   ) us to stay longer while she was (f   ) us a (m   ).

索引
(太字は爆発する単語)

A

abandon 212
ability 140
absorb 210
access 268
accident 226
accommodate 276
accommodation 278
accompany 224
accomplish 182
accord 94
account 18
accountant 44
accumulate 18
achieve 54
acid 232
acknowledge 94
acquire 156
act 254
activity 88
adapt 282
address 268
adjust 144
administration 82
admire 178
admit 132
adopt 144
advance 16、30
advantage 20
advertise 30
advertisement 30
advocate 88
affair 58
affect 232
affirm 136
agency 42
agenda 96
agree 96
agreement 96
aid 98
aim 186
airline 274
alarm 214
alcohol 202
allergy 204
allot 16
allow 10
alter 148
amaze 172
ambassador 96
ambition 186
amend 128
amount 16
amusement 184
anniversary 262
announce 280
announcement 172
annoy 150
antibiotic 208
anticipate 154
apologize 106
appearance 190
appetite 186
appliance 250
application 134
apply 230
appoint 86
appointment 54
approach 268
approve 132
architecture 264
argue 94
arrange 134
array 144
article 154
assembly 94
assert 98
assess 146
assets 32
assign 112
assignment 54
assist 42
associate 136
assume 220
asthma 204
astonish 14
astronomy 214
atmosphere 190
attempt 206

attend 92
attitude 148
attract 142
attribute 190
audience 172
auditorium 172
author 156
authority 156
automobile 272
avoid 102

B

back 280
baggage 276
ballot 90
bar 36
bargain 16
basis 128
battery 230
beat 38
benefit 20
bet 146
bill 14
biography 178
biology 212
board 44
bond 26
book 278
boost 12
border 98

borrow 152
boss 50
bother 182
bottom 128
brain 206
branch 42
brand 30
breach 104
breakthrough 54
breath 206
broadcast 280
brochure 10
budget 84
burden 182
bureaucracy 86
business 24

C

calculate 14
campaign 88
cancel 272
cancer 204
candidate 88
capacity 140
capital 32
capture 110
career 48
carriage 276
carve 266
cast 90

catastrophe 226
cause 130
caution 224
cease 154
celebrate 264
century 262
ceremony 264
certificate 52
change 14
character 142
charge 12、14
chart 176
check 14、274
cheer 278
circumstance 216
citizen 254
claim 32
classify 176
clerk 50
client 10
climate 224
clue 108
coast 218
collaborate 24
collapse 226
colleague 50
collect 40
colony 98
combine 144
command 52
comment 188

commission 42
commit 106
committee 92
commodity 22
community 258
commute 272
company 24
compare 144
compensate 222
compete 30
competition 30
compile 250
complain 48
comply 224
compromise 94
conceive 32
concentrate 270
concern 108
conclude 268
condition 138
conduct 56
conference 92
confine 182
confirm 272
conflict 100
congratulate 178
Congress 92
conservation 216
consider 212
consist 176
constituency 90

construction 264
consult 10
consume 22
consumer 22
contact 268
contain 232
contaminate 216
content 176
context 174
continue 260
contract 12
contradict 136
contribute 90
control 40
convention 92
conversation 184
convert 188
convey 174
convince 10
cooperate 258
cope 100
copy 266
core 128
corporation 24
cost 28
council 92
counsel 94
count 14
courage 186
court 112
courtesy 180

coverage 280
crash 274
create 264
credit 18
crime 106
crisis 222
crop 282
crowd 252
cure 208
currency 34
custody 106
custom 264
customer 10

D

damage 226
data 152
date 262
deadline 178
deal 38
debate 94
debt 18
decade 262
decide 84
declare 100
decline 14
dedicate 142
deduction 40
defend 110
defendant 110

deficit 38
degree 156
delay 262
delegate 96
deliver 284
demand 34
demonstrate 230
dentist 202
deny 108
department 46
departure 274
depend 58
deposit 18
deprive 212
deputy 42
derive 204
descend 148
describe 154
description 154
desert 218
deserve 12
designate 52
desire 186
destination 268
destroy 216
detach 16
detail 154
detect 108
deteriorate 26
determine 252
develop 220

development 212
device 250
devote 268
diet 284
dignity 180
diminish 16
director 52
disappear 218
disappoint 112
disaster 226
discharge 142
discipline 150
disclose 110
discount 16
discourage 186
discover 218
discuss 92
disease 204
disguise 210
dismiss 46
display 266
dispute 100
dissolve 232
distance 268
distinguish 284
distribute 22
distribution 36
district 258
disturb 58
diversify 42
divert 184

divide 256
document 154
donate 208
double 256
doubt 212
draft 178
drill 150
duty 40

E

earn 20
ease 184
economy 34
edition 280
educate 150
effort 182
elect 90
election 90
electricity 230
eliminate 280
embassy 96
emerge 34
emergency 102
emotion 188
emphasize 132
employ 50
employee 50
enable 18
encounter 138
encourage 54

end 262
endorse 134
engage 48
engineer 228
enhance 56
enterprise 24
entrepreneur 24
envelope 270
environment 216
epidemic 204
epoch 260
equipment 26
establish 24
estate 32
estimate 18
evaluate 20
evidence 110
evolution 212
examination 152
examine 146
exceed 278
exchange 36
execution 112
exhaust 206
exhibit 266
exist 228
expand 98
expect 138
expense 28
experience 138
experiment 230

expert 52
expire 202
explain 130
explore 214
export 38
express 136
extend 152

F

facility 26
fact 132
factor 228
faculty 148
fade 252
fail 140
faint 210
fame 142
fare 12
fasten 274
fatigue 206
fault 140
favor 180
feature 142
fee 12
feed 174
fellow 50
field 132
figure 256
file 176
finance 36

fire 50
firm 24
fix 284
flavor 284
flesh 284
flow 252
follow 88
force 128
forecast 224
form 136
fortune 32
found 82
foundation 128
freeze 36
freight 276
frustrate 190
fuel 274
fulfill 92
function 46
future 260

G

gain 20
gather 94
gauge 250
generate 230
generation 252
geography 218
globe 214
goods 22

government 82
grade 148
graduate 156
grain 282
greet 254
grocery 284
ground 128
growth 212
guarantee 102
guard 102
guess 128
guest 10
guide 148
guideline 148

H

halt 264
handle 42
hardship 182
harmony 94
harvest 282
health 202
heat 230
heritage 264
hesitate 180
hire 50
hold 26
honor 180
hospital 202
household 36

hunt 46
hurt 206
hybrid 282

I

identity 108
ignore 190
illustrate 228
image 136
immigrant 98
imply 92
import 38
impose 40
impress 172
improve 204
include 40
income 20
index 176
indicate 176
induce 256
industry 30
infer 226
inflation 34
influence 216
information 174
inhabit 218
inherit 32
injure 202
inquiry 152
insert 250

insist 54
inspect 58
inspire 190
install 250
institution 82
instruction 150
instrument 250
insurance 42
intend 184
interest 12
interfere 218
interrupt 184
interview 280
invent 250
inventory 32
invest 34
investigate 108
investigation 108
investment 26
invite 10
involve 106
issue 58、280
item 176

J

jog 202
judge 112
jury 112
justify 130

索引—Ⅵ

K

knowledge 152

L

label 176
labor 44
laboratory 230
lack 146
land 218
last 262
launch 56
law 104
lawn 278
lawsuit 112
lawyer 110
lecture 172
legislation 104
lessen 276
license 52
lie 138
lift 272
limit 38
liquid 232
literature 178
load 276
loan 18
location 48
loss 18
lower 48
lump 276
lung 206
luxury 22

M

machinery 250
magnet 220
mail 270
maintain 46
majority 252
manage 46
management 44
manager 44
manner 148
manufacture 22、28
mark 262
market 36
marry 186
mass 252
match 278
material 220
matter 58
maximum 256
mayor 86
meal 284
mean 188
means 256
mediate 96
medicine 208
medium 280
memory 136
mention 86
merge 214
message 174
method 148
migrate 98
million 256
mine 220
mineral 220
minister 86
mislead 174
miss 138
mission 54
modify 84
momentum 186
monitor 102
monopoly 30
monument 262
morale 56
mortgage 102
motive 130
movement 88
multiply 106
muscle 206
museum 266
myth 266

N

neglect 188

negotiate 44
neighbor 254
neighborhood 254
nominate 86
note 154
notice 222
notion 136
novel 178
nutrition 212

O

obey 104
object 90
oblige 104
observe 228
obtain 140
occasion 138
occupation 52
occupy 98
occur 226
offer 134
officer 86
official 86
operate 24
operation 208
opinion 188
opportunity 138
oppose 96
order 144
organization 82

organize 82
orientation 150
outline 132
overcome 204
overtake 30
owe 182
own 32
oxygen 232

P

package 270
pain 210
participate 254
party 88
passage 174
passenger 272
pause 184
pay 16
payment 16
peninsula 218
perceive 210
perform 208
performance 54
period 262
permit 180
personnel 46
persuade 284
petroleum 220
phenomenon 228
philosophy 156

physician 202
pile 276
pill 208
plan 134
planet 214
pleasure 184
pledge 90
poet 178
policy 84
polish 148
politics 82
poll 90
pollute 216
pollution 222
population 252
pose 190
position 48
possess 254
possibility 140
post 270
postage 270
postpone 274
potential 140
practice 150
praise 172
predict 220
prefer 146
prepare 102
prescribe 208
preserve 266
president 44

索引—Ⅷ

press 100
prestige 142
pretend 104
prevent 34
price 12
principle 128
priority 94
privilege 98
problem 58
procedure 84
proceed 260
process 28
produce 28
product 28
production 28
profession 52
profit 20
progress 260
prohibit 156
project 56
prolong 184
promise 56
promote 52
property 32
proportion 256
proposal 134
prospect 260
protect 232
protein 212
protest 216
prove 214

provide 220
psychology 206
publish 178
punish 112
punishment 104
purchase 22
purpose 130
pursue 186

Q

quality 146
quantity 146
quarter 256
questionnaire 10
quit 50
quote 152

R

race 252
raise 26
rate 12
ray 230
reaction 232
realize 140
reason 130
receipt 14
receive 270
recession 34
recipe 284

recipient 42
reckon 28
recognize 128
recommend 178
reconcile 96
record 154
recover 204
recycle 222
reduce 252
refer 156
reflect 228
reform 84
refuse 258
regard 140
region 258
register 24
regret 180
regulation 104
reject 44
relate 226
relation 46
relationship 254
relative 254
religion 156
rely 224
remain 268
remark 172
remedy 208
remind 172
remove 130
repertoire 172

replace 28	**routine** 56	series 280
represent 88	row 144	serve 86
reputation 142	ruin 264	service 30
request 134	rule 104	session 84
require 84	rumor 142	settle 100
rescue 274		shape 136
research 152	**S**	share 20、26
resemble 176		shelter 224
reserve 278	sacrifice 106	shift 48
resident 254	**safety** 102	ship 276
resign 44	sanction 40	shoot 110
resource 222	satellite 214	shortage 146
respect 180	satisfy 130	sight 260
respond 230	save 18	sign 12
responsibility 140	schedule 56	site 48
rest 184	scheme 56	situation 138
restore 264	scholar 156	skill 228
restrict 38	score 278	skip 150
result 130	sculpture 266	sneeze 210
resume 82	search 108	**society** 258
retail 22	secrecy 108	soil 222
retain 88	secretary 86	solid 232
retire 44	section 46	solution 58
reveal 132	secure 102	solve 58
revenue 36	security 102	sore 210
review 150、188	seed 282	source 130
revise 40	seek 142	spare 28
risk 222	seminar 150	sphere 214
role 54	**sense** 188	spoil 56
roll 144	sentence 112	spot 48
rotate 282	separate 84	stadium 278

索引—X

staff 50
stamp 270
standard 144
starve 282
state 216
statement 84
statistics 132
statue 266
status 48
steel 220
steer 272
step 134
stimulate 258
stock 26
stomachache 204
strain 36、182
strategy 132
stream 218
strength 100
stress 182
stretch 206
strike 226
structure 132
stuff 146
subject 174
submit 174
substitute 46
suffer 210
suggest 134
suggestion 134
sum 16

summary 154
summit 92
supervise 52
supply 34、282
support 88
suppose 256
surface 214
surgeon 202
surplus 38
surrender 100
surroundings 216
survey 228
survive 222
suspect 110
suspend 22
sustain 34
sweat 210
sympathy 180
symptom 208
system 82

T

tariff 40
taste 190
tax 40
technology 228
temper 190
temperature 224
tension 182
term 138

territory 98
testimony 110
theme 174
theory 152
thought 136
threat 106
tip 14
token 270
tool 250
tourism 278
trace 108
trade 38
tradition 258
traffic 272
tragedy 226
transaction 38
transfer 42
transport 268
transportation 272
treat 202
treaty 96
trend 190
trial 112
trim 270
triumph 100
trouble 58
trust 180

U

undertake 54

unit 144
unite 82
update 152
utilize 26

V

value 36
vanish 258
vapor 232
vegetable 282
vehicle 272
victim 106
victory 100
view 188、260
vigor 186
violate 104
violence 106
visa 274
vision 260
visitor 10
volume 146
vote 90
voyage 274

W

wage 20
warning 224
waste 222
weather 224

weigh 276
welfare 258
withhold 188
witness 110
wonder 260
worship 266
wound 210

Y

yield 20

著者紹介
晴山陽一（はれやま　よういち）
1950年、東京生まれ。早稲田大学哲学科卒業後、出版社で英語教材の開発を手がける。1996年、自ら制作した英語学習ソフト『大学受験1100単語』の普及のために「英単語速習講座」を主催、全国各地で受験生の指導に当たる。その経験をもとに出版した『英単語速習術』（ちくま新書）はベストセラーとなる。アイデアあふれる学習書は幅広い層の読者に支持され、数々のベストセラーを生んでいる。
近著に、『たった100単語の英会話』『たった60単語の英文法』『5文型で話せる音読英会話』（以上、青春出版社）、『ニュース英語のキーフレーズ8000』（DHC）、『英単語1500"発音するだけ！"超速暗記術』『英熟語速習術』（以上、角川書店）、『1週間で英語が好きになる英語速習帳』（PHP研究所）などがある。

本書は、書き下ろし作品です。

PHP文庫	**TOEIC®テスト英単語ビッグバン速習法** たった100語から必修1000語をマスター

2003年11月19日　第1版第1刷

著　者	晴　山　陽　一
発行者	江　口　克　彦
発行所	PHP研究所

　　　　東京本部　〒102-8331　千代田区三番町3番地10
　　　　　　　　　　　　文庫出版部 ☎03-3239-6259
　　　　　　　　　　　　普及一部　 ☎03-3239-6233
　　　　京都本部　〒601-8411　京都市南区西九条北ノ内町11
　　　　PHP INTERFACE　　http://www.php.co.jp/

制作協力 組　版	PHPエディターズ・グループ
印刷所 製本所	図書印刷株式会社

© Yoichi Hareyama 2003 Printed in Japan
落丁・乱丁本は送料弊所負担にてお取り替えいたします。
ISBN4-569-66073-8

PHP文庫

- 福島哲史　「書く力」が身につく本
- 藤井龍二　「ロングセラー商品」誕生物語
- 藤本義一　大阪人と日本人
- 丹波哲郎　ボケママからの贈りもの
- 藤原瑠美　真珠湾攻撃
- 淵田美津雄　《改訂版》株式会社のすべてがわかる本
- 北條恒一　昭和史がわかる55のポイント
- 保阪正康　東京と大阪「味」のなるほど比較事典
- 星亮一・浅井長政　ネタ
- 本間正人　「コーチング」に強くなる本
- 毎日新聞社会部　話
- 前垣和義　マザー・テレサ愛と祈りのことば
- マザー・テレサ／渡辺和子訳
- 松井今朝子　東洲しゃらくさし
- 松下幸之助　社員心得帖
- 松下幸之助　人生心得帖
- 松下幸之助　指導者の条件
- 松下幸之助　東条英機
- 松田十刻　人生は雨の日の托鉢
- 松野宗純　「いい女」講座
- 松原惇子　宇宙の謎を楽しむ本
- 的川泰宣

- 水野靖夫　微妙な日本語使い分け字典
- 満坂太郎　榎本武揚
- 三戸岡道夫　大山巌
- 水上勉　「般若心経」を読む
- 宮部みゆき／帯寺大郎／中村隆資　パズル大学
- 雅孝司　運命の剣のきばしら
- 宮脇檀　初ものがたり
- 百瀬明治　都市の快適住居学
- 森一矢　般若心経の謎
- 森荷葉　裏インターネット事件簿
- 森本邦子　和風えちがんとマナー講座
- 守屋洋　素敵に生きる女の母親学
- 八坂裕子　新釈 菜根譚
- 安岡正篤　ハートを伝える聞き方話し方
- 矢野新一　活学としての東洋思想
- 八尋舜右　出身地でわかる性格・相性事典
- 立花宗茂

- ブライアン・L・ヴァイス／山川紘矢・亜希子訳　前世療法(1)(2)
- ブライアン・L・ヴァイス／山川紘矢・亜希子訳　魂の伴侶―ソウルメイト
- 山折哲雄　蓮如と信長
- 山崎武也　一流の条件
- 山崎房一　子どもを伸ばす魔法のことば
- 山崎房一　心がやすらぐ魔法のことば
- 山田正二監修　間違いだらけの健康常識
- 山村竜也　新選組剣客伝
- 唯川恵　明日に一歩踏み出すために
- 養老孟司　自分の頭と身体で考える
- 弓野善紀　CIAを創った男ウィリアム・ドノバン
- 吉田一彦　戦艦大和・その生と死
- 吉田俊雄　ハッピー・ガールズ
- 吉元由美　雑学新聞
- 読売新聞大阪編集局　自分のことを英語で言えますか？
- リック西尾　「やりたいこと」がわからない人たちへ
- 竜崎攻　真田昌幸
- 鷲田小彌太　愛をこめて生きる
- 渡辺和子　日本人の本能
- 渡部昇一　受験は要領
- 和田秀樹

PHP文庫

徳永真一郎明　智　光　秀
戸部新十郎　信　長　の　合　戦
外山滋比古　聡明な女は話がうまい
中江克己　お江戸の意外な生活事情
長尾剛　新釈「五輪書」
永崎一則　人はことばに励まされ、ことばで鍛えられる
長崎快宏　アジア・ケチケチ一人旅
中澤天童　名　古　屋　の　本
中島道子　柳生石舟斎宗厳
長瀬勝彦　うさぎにもわかる経済学
中谷彰宏　入社3年目までに勝負がつく49の法則
中谷彰宏　君のしぐさに恋をした
中谷彰宏　なぜ彼女にオーラを感じるのか
中谷彰宏　時間に強い人が成功する
中谷彰宏　運命を変える50の小さな習慣
中谷彰宏　大人の友達を作ろう。
中谷彰宏　スピード整理術
中西　安　数字が苦手な人の経営分析
中野　明　論理的に思考する技術
佐中川英峻　「科学ニュース」の最新キーワード

中村　晃児玉源太郎
中村古右衛門　半ズボンをはいた播磨屋
中村整史朗　尼　子　経　久
中村幸昭　マグロは時速160キロで泳ぐ
中村祐輔監修　遺伝子の謎を楽しむ本
中山み登り　「自立した女」になってでる。
中山庸子　「夢ノート」のつくりかた
夏坂　健　ゴルフの「奥の手」
西野武彦　「株のしくみ」がよくわかる本
西野広祥　「馬と黄河と長城」の中国史
日本博学倶楽部　「歴史」の意外な結末
日本博学倶楽部　世の中の「ウラ事情」はこうなっている
日本博学倶楽部　「関東」と「関西」おもしろ100番勝負
日本博学倶楽部　戦国武将 あの人の「その後」
沼田　朗　ネコは何を思って顔を洗うのか
沼田陽一　イヌはなぜ人間になつくのか
野村敏雄　秋　山　好　古
野村敏雄宇喜多秀家
葉治英哉　ハイパープレス雑学居酒屋

橋口玲子監修　元気でキレイなからだのつくり方
長谷川三千子　正　義　の　喪　失
秦郁彦編　ゼロ戦20番勝負
畠山芳雄　人を育てる100の鉄則
花村奨前田利家
羽生道英佐々木道誉
浜尾実　子供のほめ方・叱り方
浜野卓也　黒　田　官　兵　衛
半藤一利　日本海軍の興亡
半藤一利　レイテ沖海戦
PHPエディターズ・図解「パソコン入門」の入門
PHP総合研究所編　松下幸之助「一日一話」
火坂雅志　魔界都市・京都の謎
日野原重明　いのちの器〈新装版〉
平井信義　5歳までのゆっくり子育て
平井信義　親がすべきこと・してはいけないこと
平尾誠二　「知」のスピードが壁を破る
平川陽一　世界遺産・封印されたミステリー
福井栄一　アンラッキーサクシンは人間を不幸にする
方　学

PHP文庫

佐竹申伍 真田幸村
佐々淳行 危機管理のノウハウ(1)(2)(3)
佐藤綾子 すてきな自分への22章
佐藤勝彦/監修 「相対性理論」を楽しむ本
佐藤勝彦/監修 「量子論」を楽しむ本
佐藤公久 世界と日本の経済
佐藤よし子 英国スタイルの家事整理術
真田信治 標準語の成立事情
重松一義 江戸の犯罪白書
芝 豪太公望
柴田 武 知ってるようで知らない日本語
渋谷昌三 外見だけで人を判断する技術
嶋津義忠 花のお江戸のタクシードライバー
しゃけのぼる よくわかる会社経理
陣川公平 英語がよくわかる本
水津正臣/監修 「刑法」がよくわかる本
菅原明彦 マイナスイオンの秘密
菅原万美 お嬢様ルール入門
鈴木 豊 「顧客満足」の基本がわかる本
スティーブン・クーニッツ/金 利光/訳 ウェルチ 勝者の哲学

世界博学倶楽部 「世界地理」なるほど雑学事典
関 裕二 大化改新の謎
瀬島龍三 大東亜戦争の実相
全国データ愛好会 47都道府県なんでもベスト10
太平洋戦争研究会 日本海軍がよくわかる事典
太平洋戦争研究会 日本陸軍がよくわかる事典
多賀一史 日本海軍艦艇ハンドブック
高川敏雄 「ネットビジネス入門」の入門
高嶋秀武 話のおもしろい人、つまらない人
高鴷幸広 説明上手になる本
高野澄 井伊直政
高橋勝成 ゴルフ最短上達法
高橋克彦 風の陣【立志篇】
高橋安昭 会社の数字に強くなる本
高橋和島福島正則
高宮和彦/監修 健康常識なるほど事典
財部誠一 カルロス・ゴーンは日産をいかにして変えたか
滝川好夫 「経済図表・用語」早わかり
匠 英一/監修 「しぐさと心理」のウラ読み事典
武田鏡村 大いなる謎・織田信長

武光誠 古代史大逆転
田坂広志 意思決定12の心得
田島みるく/文・絵 お子様ってやつは
立石優範 古典落語100席
PHP研究所/編
田中澄江 宇 国際情勢の事情通になれる本
田中澄江 「しつけ」の上手い親・下手な親
田中誠一 ゴルフ上達の科学
田中真澄 大ビストセラー時代のサラリーマン卒業宣言!
谷沢永一 こんな人生を送ってみたい
渡部昇一 人生は論語に窮まる
田原紘 上手いゴルファーはここが違う
西野広祥/中国古典百言百話2 韓非子
柘植久慶 旅
帝国データバンク情報部/編 危ない会社の見分け方
出口保夫 英国紅茶の話
林 望 イギリスはかくしこい
寺林峻 服部半蔵
童門冬二 男の論語(上)(下)
童門冬二 上杉鷹山の経営学

PHP文庫

加藤諦三　「思いやり」の心理
加藤諦三　人生の悲劇は「よい子」に始まる
金盛浦子　少し叱ってたくさんほめて
金森誠也 監修　30ポイントで読み解く　クラウゼヴィッツ『戦争論』
加野厚志　本多平八郎忠勝
狩野直禎　『論語』の人間問答
神川武利　秋山真之
神谷満雄　鈴木正三
唐津一　販売の科学
川北義則　人生・愉しみの見つけ方
川口素生　戦国時代なるほど雑学事典
島令三編著　鉄道なるほど雑学事典
樺旦純　嘘が見ぬける人、見ぬけない人
菊池道人　ウマが合う人、合わない人
北岡俊明　ディベートがうまくなる法
北嶋廣敏　話のネタ大事典
紀野一義監修　入江泰吉写真文　仏像を観る
桐生操　世界史怖くて不思議なお話

楠木誠一郎　石原莞爾
楠山春樹　「老子」を読む
国沢光宏　愛車学
国司義彦　30代の生き方を本気で考える本
国司義彦　40代の生き方を本気で考える本
公文教育研究所　太陽ママのすすめ
栗田昌裕　栗田式記憶法入門
黒岩重吾　古代史の真相
黒鉄ヒロシ　新選組
黒鉄ヒロシ　幕末暗殺
黒部亨　松永弾正久秀
計量雑学研究会　咳は時速220キロ！
小池直己　TOEICテストの決まり文句
幸連社　「四季のことば」ポケット辞典
神坂次郎　特攻隊員の命の声が聞こえる
甲野善紀　武術の新・人間学
甲野善紀　古武術からの発想
郡順史　佐々成政
國分康孝　自分を変える心理学

児嶋かよ子 監修　「民法」がよくわかる本
児玉佳子　赤ちゃんの気持ちがわかる本
須藤亜希子　「マーケティング」の基本がわかる本
木幡健一　Dr.パ　お金がたまる風水の法則
小林祥晃　さらば東京裁判史観
小堀桂一郎　「日本人と韓国人」なるほど事典
コリンターナー　あなたに奇跡を起こす　やさしい100の方法
コリアンワークス　早野依子 訳
近藤唯之　プロ野球遅咲きの人間学
近藤富枝　服装で楽しむ源氏物語
今野紀雄 監修　「微分・積分」を楽しむ本
斎藤茂太　10代の子供のしつけ方
斎藤茂太　逆境がプラスに変わる考え方
柴門ふみ　恋愛論
早乙女貢　新編 実録・宮本武蔵
酒井美意子　花のある女の子の育て方
堺屋太一　組織の盛衰
坂崎重盛　なぜ、この人の周りに人が集まるのか
阪本亮一　できる営業マンはお客と何を話しているか
櫻井よしこ　大人たちの失敗
佐治晴夫　宇宙の不思議

PHP文庫

逢沢 明	大人のクイズ
会田雄次	新選 日本人の忘れもの
青木 功	勝つゴルフの法則
阿川弘之	論語知らずの論語読み
阿川弘之	日本海軍に捧ぐ
阿川佐和子	大人になっても忘れたくないこと
浅野八百子監修	「言葉のウラ」を読む技術
浅野裕子	大人のエレガンス80のマナー
麻生圭子	ネコが元気をつれてくる。
阿奈靖雄	「プラス思考の習慣」で道は開ける
阿村義徳編	知って得する！速算術
飯田史彦	生きがいの創造
飯田史彦	生きがいの本質
池波正太郎	信長と秀吉と家康
石井辰哉	TOEIC®テスト実践勉強法
石島洋一	決算書がおもしろいほどわかる本
石島洋一	「バランスシート」がみるみるわかる本
石原慎太郎	時の潮騒
伊集院憲弘	いい仕事は「なぜ」から始まる
泉 秀樹	「東海道五十三次」おもしろ探訪
板坂 元	大人の作法
市田ひろみ	気くばり上手、きほんの「き」
伊東昌美	ペソペソ
稲盛和夫 稲盛塾事務局編	盛和塾が行く 稲盛和夫の実践経営塾
井上和子	聡明な女性はスリムに生きる
井原隆一	財務を制するものは企業を制す
伊吹隆一	生きる力が湧いてくる本
内田洋子	イタリアン・カップチーノをどうぞ
内海隆一郎	狐の嫁入り
瓜生 中	仏像がよくわかる本
江口克彦	上司の哲学
江坂 彰	大失業時代、サラリーマンはこうなる
エンサイクロネット	仕事ができる人の「マル秘」法則
遠藤順子	夫の宿題
大島 清	頭脳200％活性法
大島秀太	世界一やさしいソフレ用語事典
大島昌宏	結城秀康
太田颯衣	5年後のあなたを素敵にする本
大橋武夫	戦いの原則
大原敬子	なぜか幸せになれる女の習慣
大原敬子	こんな小さなことで愛される77のマナー
大原敬子訳 オグ・マンディーノ 坂本貢一訳	アシジのシューズガイド 人生は100回でもやり直しがきく あなたに成功をもたらす人生の選択
岡崎久彦	陸奥宗光（上）（下）
岡本好古	韓信
奥宮正武	真実の太平洋戦争
小栗かよ子	エレガント・マナー講座
堀田明美	
奥脇洋子	魅力あるあなたをつくる感性レッスン
呉 善花	10時間で英語が話せる
尾崎哲夫	日本的精神の可能性
越智幸生	小心者の海外一人旅
快適生活研究会	戦国合戦事典
小和田哲男	「料理」ワザあり事典
岳 真也	家康
笠巻勝利	仕事が嫌になったとき読む本
風見 明	日本の技術レベルはなぜ高いのか
梶原一明	本田宗一郎が教えてくれた
片山又一郎	マーケティングの基本知識
桂 文珍	窓際のウィンドウズ
加藤諦三	行動してみることで人生は開ける